SPIRITUALITÀ KEMETICA

I segreti sepolti dell'evoluzione spirituale, i principi dimenticati di un'esistenza elevata e l'antica saggezza dell'unità divina

ASCENDING VIBRATIONS

© **Copyright 2021 - Ascending Vibrations - Tutti i diritti riservati.**

Il contenuto di questo libro non può essere riprodotto, duplicato o trasmesso senza l'autorizzazione scritta dell'autore o dell'editore.

In nessun caso l'editore o l'autore potranno essere ritenuti responsabili per danni, risarcimenti o perdite monetarie dovute alle informazioni contenute in questo libro, direttamente o indirettamente.

Avviso legale:

Questo libro è protetto da copyright. È destinato esclusivamente all'uso personale. Non è possibile modificare, distribuire, vendere, utilizzare, citare o parafrasare qualsiasi parte o contenuto di questo libro senza il consenso dell'autore o dell'editore.

Avviso di esclusione di responsabilità:

Le informazioni contenute in questo documento sono state fornite solo a scopo educativo e di intrattenimento. È stato fatto ogni sforzo per presentare informazioni accurate, aggiornate, affidabili e complete. Non sono dichiarate esplicitamente o implicitamente garanzie di alcun tipo. I lettori riconoscono che l'autore non è impegnato a fornire consigli legali, finanziari, medici o professionali. Il contenuto di questo libro è stato ricavato da varie fonti. Si consiglia di consultare un professionista abilitato prima di provare le tecniche descritte in questo libro.

Leggendo questo documento, il lettore accetta che in nessun caso l'autore è responsabile di eventuali perdite, dirette o indirette, subite in seguito all'uso delle informazioni contenute in questo documento, compresi, ma non solo, errori, omissioni o imprecisioni.

RICHIEDETE I VOSTRI BONUS QUI SOTTO

Per aiutarvi nel vostro viaggio spirituale, abbiamo creato alcuni bonus gratuiti per aiutarvi ad eliminare il bagaglio energetico che non vi serve più e a realizzare una vita più adatta a voi. I bonus includono un videocorso di accompagnamento con oltre 4,5 ore di contenuti potenzianti, video ad alto contenuto energetico, potenti meditazioni guidate, diari e altro ancora.

Potete ottenere l'accesso immediato andando al link sottostante o scansionando il codice QR con il vostro cellulare.

https://bonus.ascendingvibrations.net

Bonus gratuito n. 1: il corso di sintonizzazione dei chakra in 3 fasi

Volete conoscere un modo unico di agire sui chakra? Elevate la vostra esistenza intervenendo sul subconscio, il fisico e il livello spirituale.

- Scoprite un metodo unico in 3 fasi per il controllo dei chakra che molte persone non stanno sfruttando!
- Sperimentate il vostro cervello, migliorate il corpo, la mente e lo spirito e liberate i blocchi che vi impediscono di raggiungere la grandezza.
- Risvegliate un'energia straordinaria per creare una realtà che vi si addica meglio
- Smettere di sprecare tempo prezioso con metodi inefficaci

Bonus gratuito n. 2: Il kit di strumenti della Formula Segreta di Manifestazione

Avete smesso di accontentarvi nella vita, di perdere tempo prezioso e siete pronti ad attrarre a voi il vostro potenziale più alto?

Bonus gratuito n. 3: Il kit di strumenti per la purificazione spirituale

Siete pronti ad abbandonare tutta l'energia negativa che non vi serve più?

- Rilasciare i blocchi energetici che potrebbero causare squilibri.
- Risvegliare un'energia straordinaria per energizzare la vostra aura
- Creare un ambiente energeticamente pulito e meraviglioso

Bonus gratuito n. 4: Una potente meditazione guidata di guarigione energetica di 10 minuti

Tutti questi straordinari bonus sono gratuiti al 100%. Non è necessario inserire alcun dato, tranne l'indirizzo e-mail.

Per avere accesso immediato ai bonus, andate su

https://bonus.ascendingvibrations.net

NOTA PER IL LETTORE

Le informazioni contenute in questo libro sono state scritte esclusivamente a scopo informativo ed educativo. Non sono intese come consigli medici, né come trattamenti medici, né come diagnosi di condizioni mediche, né sostituiscono i consigli di un medico o di un operatore sanitario. Consultare il proprio medico prima di iniziare un nuovo programma di salute. Qualsiasi uso delle informazioni contenute in questo libro è di esclusiva responsabilità del lettore.

INDICE

Introduzione — xv

1. COME INIZIARE A PRATICARE LA SPIRITUALITÀ KEMETICA E COSA DEVI COMPRENDERE PER UNA CRESCITA SPIRITUALE ACCELERATA — 1
   - Raggiungere l'equilibrio — 2
   - Le 42 leggi di Ma'at — 4
   - Figli di Heru — 11
   - Costruire un corpo sano — 12
   - Forza fisica ed equilibrio — 13
   - Una mente sana — 14
   - I sette principi ermetici — 15
   - Diventare divini — 16

2. L'ALBERO DELLA VITA E COME USARLO PER RAGGIUNGERE UNA COSCIENZA SUPERIORE — 21
   - Piani di esistenza — 23
   - Nun — 24
   - Ra, o Re — 25
   - Duat — 26
   - Ma'at — 26
   - Djehuti o Thoth — 27
   - Het-Heru o Hathor — 27
   - Pet — 28
   - Shu — 29
   - Tefnut o Tefenet — 29
   - Nut — 30
   - Geb — 31
   - Ta — 31
   - Asar, Ausar, o Osiris — 32
   - Aset, Auset, o Isis — 33
   - Seth, o Satet — 34

Nebthet, o Nephthys — 34
Heru-Ur (Horus il più anziano) — 35
Nebethetepet, o Nehmetawy — 36
Iusaaset, Iusas, o Saosis — 36

3. LA SCIENZA ERMETICA RESA SEMPLICE PER UNA VITALITÀ E UN'ABBONDANZA SENZA SFORZO — 39
  Il principio del mentalismo — 40
  Il principio di corrispondenza — 44
  Il principio della vibrazione — 46
  Il principio di polarità — 48
  Il principio del ritmo — 49
  Il principio di causalità — 51
  Il principio di genere — 53

4. L'ASTROLOGIA KEMETICA E UNA COMPRENSIONE PIÙ PROFONDA DEI TIPI DI PERSONALITÀ CHE ABITANO QUESTO MONDO — 59
  Trovare il proprio segno — 61
  Tipi di personalità astrologica — 62
  Corrispondenza tra i nomi delle costellazioni — 64
  I pianeti benevoli e i loro tipi di personalità — 65

5. LA DIETA KEMETICA E IL MODO IN CUI PUÒ AUMENTARE LA VOSTRA CONNESSIONE SPIRITUALE — 71
  Il cibo nell'antica Kemet — 74
  Guida dietetica per i kemetici moderni — 77
  Digiuno — 83

6. GLI SPIRITI GUIDA KEMETICI, I SEGRETI DEI CHAKRA E L'INVOCAZIONE DI FORZA E SAGGEZZA — 87
  Gli antenati — 87
  Allestimento di un altare — 88
  Dei e dee come spiriti guida — 89
  Chakras — 91

Aura	93
Bagni spirituali	94

7. SEGRETI EGIZIANI DI GUARIGIONE ENERGETICA DIMENTICATI E POTENTI TECNICHE MODERNE

	97
Guarigione per Ma'at	99
Il sistema dei chakra	100
Tecniche di guarigione energetica	105
Preghiere e affermazioni	106
Imposizione delle mani	109
Uso delle bacchette curative	110
Toccare i punti meridiani dell'energia	113
Punti di picchiettamento	115
Esercizio di Tapping	118
Tecnica di guarigione energetica Sekhem	120
Metodo	121
Impatto	122
Sekhmet	124
I pantheon della salute	124

8. RITUALI SPIRITUALI KEMETICI QUOTIDIANI CHE POTETE INIZIARE ORA PER FAR SBOCCIARE LA DIVINITÀ

	131
Recitare le leggi di Ma'at	132
Lo studio	133
Mangiare pulito	136
Meditazione	137
Meditazione per creare	138
Meditazione sulla gioia	140
Meditazione per Ma'at	141
Meditazione per il rinnovamento e il benessere	142
Preghiera kemetica	143
Preghiere specifiche	149
Rituali kemetici del mattino, del mezzogiorno e della sera	156
Dare vita alla giornata	156

Ricarica di mezzogiorno	158
Rituale della sera	159

9. *BONUS* LO YOGA KEMETICO PER DARE
   ENERGIA ALLA VOSTRA PRATICA MODERNA 163

Shti-La mummia	165
Il Loto	167
Nefertem sul loto	169
Nun	170
Riscaldamento	172
Shu	174
Viaggio di Ra	176
Supporto per le spalle	183
Aratro	185
Ruota	186
Pesce	187
Piegamenti in avanti	189
Torsione vertebrale	191
Selket	193
Sebek	194
Arat	195
Horemakhet-La Sfinge	197
Heru—Horus	198
Serie Henu	199
Nut	200
Ma'at	201
Aset alato: la posizione della vittoria	203
Aset seduto - La posizione del trono	204
L'abbraccio di Auset	205
Djed	206
Posizione della testa	207
Scarabeo Khepri	209
Postfazione	213
Glossario	217
Riferimenti	228
Il vostro feedback è prezioso	236

INTRODUZIONE

LA SPIRITUALITÀ KEMETICA PUÒ ELEVARE LA VOSTRA PRATICA SPIRITUALE DI OGGI

La natura o Ntr è la forza divina per eccellenza. Questo è ciò che ci dice la spiritualità kemetica, uno stile di vita emanato dall'antico Egitto, noto anche come Kemet. Fornisce una serie di linee guida e pratiche di vita che si basano sugli antichi modi di vivere. Le persone si rivolgono sempre più spesso a questo stile di vita come mezzo per mantenere uno stile di vita equilibrato in mezzo al caos della vita moderna. Questo stile di vita kemetico, che viene scoperto da un numero crescente di persone, ci incoraggia a vivere in allineamento con la natura. Ciò avviene attraverso la consapevolezza di sé. La pratica di questa consapevolezza comporta molte tecniche, come la meditazione e lo yoga. Richiede anche la comprensione dell'impatto che l'alimentazione ha sul nostro corpo. Questa conoscenza fornisce la direzione per fare scelte alimentari migliori per la crescita spirituale. Il risultato a lungo termine di queste scelte migliori è una vita più lunga e un corpo libero da malattie. Se avete incorporato lo yoga e la medita-

INTRODUZIONE

zione nel vostro stile di vita, questo allungamento della vita può essere più piacevole.

Vivere una vita lunga e piacevole è possibile quando si è guidati dalla spiritualità kemetica, che incoraggia a ricevere una guida dalle forze divine della natura. Questa guida è incarnata dal Metu Neter, le scritture che si trovano sulle pareti dei templi e sui papiri e che contengono gli insegnamenti della natura. Il Metu Neter è anche conosciuto come la parola degli dei. I suoi insegnamenti spiegano il rapporto tra l'umanità e il divino. Definiscono la spiritualità umana in relazione al nostro allineamento con i principi degli dei e delle dee - i Neter.

Questi dei e queste dee incarnano i principi fisici e spirituali della creazione. La relazione tra questi principi della creazione trova la sua piena espressione nell'albero della vita kemetico.

Le parole del Metu Neter, registrate sulle pareti dei templi e sui papiri, sono il più antico sistema spirituale conosciuto dall'uomo. Studiando queste parole, impariamo a conoscere il legame tra l'umanità e gli dei e le dee dell'antico Egitto, noto anche come Kemet. Quando le applichiamo nella nostra vita, impariamo a vivere in modo da mettere in evidenza lo spirito divino che è in noi.

L'esplorazione spirituale moderna, con la scoperta di concetti come la scienza quantistica e la conoscenza delle leggi ermetiche, è giunta ad abbracciare concetti come quello di vibrazione. Si tratta di concetti che erano ben noti e messi in pratica da coloro che vivevano durante l'epoca kemetica e sui quali si basa la spiritualità kemetica. Grazie alla conoscenza dell'equilibrio spirituale e al continuo innalzamento della loro vibrazione mentale, gli abitanti dell'antica Kemet crearono una società prospera e ben istruita. Il loro elevato livello di conoscenza li portò a compiere grandi imprese scientifiche e architettoniche che ancora oggi possiamo ammirare. Seguendo le loro orme ed emulando il loro stile di vita, sarete in grado di vivere a un livello in cui la vostra mente, il vostro corpo e la vostra anima sono allineati con il divino. Questo vi permetterà di godere di una vita produttiva e positiva senza le distrazioni che derivano da un'esistenza a bassa vibrazione. La spiritualità kemetica ci incoraggia invece a vivere quotidianamente in allineamento vibrazionale positivo.

La spiritualità kemetica ci incoraggia a essere costantemente consapevoli dell'interconnessione tra l'umanità e il divino. Che il mondo che ci circonda è un'estensione di ciò che siamo. Ci insegna che c'è la divinità nelle forme più elementari dell'esistenza umana. Tuttavia, poiché la divinità esiste su diversi piani di esistenza, possiamo scegliere di allinearci alla divinità a diversi livelli. Più alti sono i livelli o i piani di esistenza a cui ci allineiamo, più vicini diventiamo a Dio. Questa ricerca dell'incarnazione della divinità, del voler essere come gli dei e le dee, è nota come teurgia.

La pratica della teurgia richiede la conoscenza della storia della creazione kemetica. Questa storia spiega come è avvenuta la creazione e come, a ogni passo del processo di creazione, sia nato un diverso principio o forza della natura. Ogni forza esisteva per soddisfare lo scopo che era necessario in quel momento. I principi così impiegati nel processo di creazione divennero gli dei e le dee di cui oggi vediamo traccia sulle pareti dei templi e sui rotoli dei papiri. Pertanto, al centro della spiritualità kemetica si trova la comprensione degli dei e delle dee, dei principi che incarnano, del loro comportamento e persino delle pose in cui si trovano nei vari luoghi in cui sono raffigurati. La conoscenza di tutti questi aspetti vi darà la conoscenza e l'intuizione di cui avete bisogno per mettere in pratica i principi che questi dei e queste dee simboleggiano.

LA STORIA DELLA CREAZIONE

La storia della creazione inizia con Ra. È il dio del sole e la fonte di vita e di sostentamento per tutti gli esseri viventi. Nella storia della creazione, vediamo Ra emergere dalle acque primordiali di Nun. Prima che Ra emerga, le acque di Nun sono l'unica cosa presente sulla terra. Queste acque caotiche coprono ogni cosa in vista. Nel creare il mondo, Ra inizia con il piano causale che comprende le strutture che governano il mondo. Queste strutture sono le leggi della scienza che mantengono l'equilibrio e l'ordine e quindi forniscono un ambiente che permette a tutte le cose di esistere. L'equilibrio e l'ordine sono rappresentati dalla dea Ma'at, che permette all'armonia di esistere nel mondo.

Dopo le leggi spirituali, Ra ha creato l'atmosfera. È questa che permette a tutte le creature viventi di esistere. L'atmosfera è costituita da aria secca mista ad acqua. L'aria secca è quella che respiriamo. È anche l'etereo ed è rappresentato dal dio Shu. Shu è il dio dell'aria, quello che separa la terra dal cielo. All'interno dell'aria secca di Shu sono contenute le precipitazioni che formano pioggia, neve e grandine. Questo è rappresentato dalla dea Tefnut, la dea dell'umidità. Così, la terra era piena di una sostanza gassosa o di una nebbia.

Shu e Tefnut si sono uniti e hanno formato il cielo e la terra, che tengono separati l'uno dall'altro mettendosi in mezzo. I cieli celesti che contengono le stelle sono rappresentati dalla dea Nut, che si estende con gli arti che toccano i due lati della terra. Nut, la dea del cielo, è spesso raffigurata con le stelle della Via Lattea dipinte sul corpo per dimostrare la sua natura celeste. Nut inghiotte il dio del sole, noto anche come Ra, ogni sera e lo fa nascere al mattino. Questo ci dà l'alba e il tramonto. Quando Ra, il dio del sole, è in uno stato di ascesa, viene chiamato Ra-Khepri. Il suo stato al tramonto è chiamato Ra-Atum. La terra è rappresentata dal dio Geb, ed è il terreno che si estende sotto il Nut sovrastante.

Una volta formata la terra, furono creati gli esseri umani. Nella nostra complessità di esseri umani, abbiamo diversi aspetti che costituiscono ciò che siamo. Uno di questi aspetti è l'ego, che noi temperiamo attraverso l'applicazione della saggezza e dell'intuizione. L'ego nell'umanità è rappresentato dal dio Set, mentre la saggezza e l'intuizione sono rappresentate dal dio Aset. Questi aspetti della personalità umana sono possibili perché l'uomo è un'anima eterna. L'anima eterna è rappresentata dal dio Asar. Nella mitologia greca, Asar è conosciuto come Osiride, il dio che il fratello Seth taglia in 14 pezzi per gelosia.

Questi sono gli elementi che Ra ha creato, insieme alle due dee della creazione sotto forma di principi Nebethetepet e Iusaaset. Queste dee sono rispettivamente co-creatrice con Ra e nonna degli dei. Insieme, i tre formano un triangolo divino che crea l'albero della vita.

Quando si racconta la storia della creazione kemetica, non si usano i nomi di principi ed elementi come "equilibrio" e "ordine" o "aria" e "acqua". Piuttosto, è personalizzata e a questi elementi e principi vengono dati nomi di dei e dee. Per allinearsi a questo metodo di narrazione, tornate con la mente alle lezioni di teatro dell'asilo. Immaginate un concerto di fine anno in cui a ogni singolo bambino viene assegnato un ruolo unico. Non importa quanto piccolo sia, quel ruolo richiede un costume speciale che viene creato per essere esibito. La recita è un'opportunità per il bambino di recitare e mettere in mostra il suo costume per i genitori orgogliosi. A volte questo ruolo è innocuo come "un albero che soffia nel vento". Tuttavia, questo dà al bambino un senso di partecipazione, in quanto abbraccia pienamente il ruolo o l'elemento che gli è stato affidato. Quando praticate la teurgia, vi comportate come questi bambini alla recita scolastica. Diventate totalmente il principio di cui avete deciso di adottare le proprietà. Ciò significa comprendere il dio o la dea che è incarnato da quel principio. Nel farlo, cercate di scoprire la loro storia e le sfide che hanno affrontato. Scoprite il ruolo che hanno avuto nella storia della creazione e l'elemento che incarnano. Comprendendo questo, sarete meglio equipaggiati per affrontare le sfide della vostra vita. Potete allinearvi con il principio che meglio vi permette di superare le sfide che state affrontando. Il principio che ha già superato le vostre sfide può essere invocato per aiutarvi a superare le sfide attuali. Potete emulare il suo atteggiamento e il suo comportamento. In questo modo praticate la teurgia diventando il principio che ha superato le sfide e trasceso al piano successivo dell'esistenza.

Quindi, se siete quell'albero che si muove al vento, che suono emettete? Quali azioni compite? Qual è l'esperienza di chiunque interagisca con voi? Se allarghiamo ulteriormente l'analogia a elementi come l'aria, l'acqua e il calore, entriamo nel mondo dell'antica Kemet e degli dei e delle dee che compongono la storia della creazione.

In questa storia della creazione, infatti, abbiamo elementi che compaiono nello stesso ordine in cui sono necessarie le loro virtù. Questi elementi, che assumono i nomi di dei e dee, sono i seguenti:

- Djehuti (Il dio della luna)
- Ma'at (la dea dell'equilibrio e dell'armonia)
- Het-Heru (Hathor, la bella dea delle feste)
- Shu (Dio dell'aria)
- Tefnut (Dea dell'umidità e delle precipitazioni)
- Nut (Dea del cielo notturno)
- Geb (Dio della terra)
- Asar (Dio della vegetazione)
- Set (Dio del caos, della confusione, della distruzione, delle tempeste, delle terre straniere, delle eclissi, dei terremoti e della violenza)
- Aset (Dea della saggezza e dell'intuizione)
- Nebthet (dea dell'aria)
- Heru Ur (Dio della guerra e del cielo)
- Nbt hotep (Nebethetepet, o Nbt hotep, rappresenta il riposo. Insieme al movimento, rappresentato da Iusaaset, creano il tempo e lo spazio. Quindi, questi due si uniscono a Ra per formare un triangolo che è il fondamento del tempo e dello spazio. Questo fondamento permette a Ra di creare il mondo)
- Iusaaset (nonna degli dei e delle dee)

Dobbiamo anche comprendere la storia della creazione, poiché essa fornisce un percorso da seguire nella ricerca dell'illuminazione. Capire il processo della creazione ti renderà consapevole dei principi attivi all'epoca e che devi impiegare per elevare la tua vibrazione a un livello energetico che ti avvicina all'allineamento con il divino.

Sebbene il significato della parola "Kemet" sia "terra dei neri" o "la terra nera," dobbiamo capire che, prima che venisse utilizzato

INTRODUZIONE

tale nome, la spiritualità praticata in quella terra esisteva già da più di 3.000 anni. Se confrontiamo ciò con il fatto che la prima migrazione dell'umanità dall'Africa verso l'Asia e il resto del mondo è avvenuta tra 80.000 e 15.000 anni fa, e continua ancora oggi, ci rendiamo conto del perché tracce della spiritualità kemetica siano evidenti nelle pratiche religiose di molte culture. Studiosi provenienti da tutto il mondo viaggiavano per apprendere la saggezza e la spiritualità dell'antico Egitto, prima di tornare nei loro paesi e adattarla alle loro culture locali. Tracce di questa antica saggezza e spiritualità si possono trovare intrecciate con le credenze locali in tutto il mondo.

Pertanto, abbracciando la spiritualità kemetica, si abbracciano credenze che l'umanità ha mantenuto per migliaia di anni e che sono ancora oggi praticate per la loro rilevanza nelle nostre vite. Scoperte fatte dalla scienza moderna, come la conoscenza degli atomi e degli ologrammi, hanno portato a una visione più illuminata riguardo alla mente umana e alle sue capacità. Libri come *Quantum Warrior* di John Kehoe trattano in dettaglio il collegamento tra atomi, vibrazione e la mente umana. Kehoe sostiene che, attraverso l'uso di affermazioni, possiamo allinearci con il campo quantico usando il potere della vibrazione. Facendo ciò, manifestiamo la vita che desideriamo vivere (Kehoe, 2011).

Sfogliando le pagine di questo libro, ti renderai conto che questi sono solo alcuni dei concetti incarnati nelle pratiche dell'antico Kemet.

Il cammino spirituale kemetico è più di una religione; è uno stile di vita. Piuttosto che concentrarsi su un singolo aspetto, come la preghiera, la meditazione o la dieta, come mezzo per allinearsi con il divino, la spiritualità kemetica coinvolge tutti questi aspetti. Infatti, abbraccia tutti gli aspetti della tua vita e influenza il modo in cui conduci le tue attività quotidiane, dal momento in cui ti svegli fino a quando vai a dormire.

Per questo motivo, è utile comprendere che c'è un'interconnessione tra ciascun capitolo di questo libro. I capitoli possono essere presentati singolarmente, permettendoti di esaminare i concetti uno alla volta. Tuttavia, è importante comprendere che ogni capitolo e ogni disciplina sono collegati. La divinità attraversa tutte le nostre vite e i loro processi nello stesso modo in cui tutti i principi e le forze che furono impiegati nella creazione del mondo derivano da una singola forza divina. Non puoi separarti dalla divinità e vivere intenzionalmente in allineamento con essa significa ottenere successo in molteplici aree della tua vita.

I

COME INIZIARE A PRATICARE LA SPIRITUALITÀ KEMETICA E COSA DEVI COMPRENDERE PER UNA CRESCITA SPIRITUALE ACCELERATA

Per iniziare la tua pratica della spiritualità kemetica, devi comprendere che il mondo è stato creato dal Nun. Il Nun è il nulla che esisteva prima dello spirito, sotto forma di Ra, che emerse da esso e gradualmente formò il mondo. La creazione stessa avvenne in modo tale che stati superiori di coscienza vennero creati prima che esistessero stati inferiori di vibrazione. Con ogni forma di coscienza che veniva creata, una forma inferiore di coscienza nasceva da essa. Questo processo continuò fino a quando gli elementi fisici si manifestarono sotto forma di terra e tutto ciò che vi è sopra.

L'umanità, una forma solida, è legata agli effetti dell'ego e, quindi, esiste in uno stato vibrazionale basso. La pratica spirituale mira a sollevare l'umanità dalla consapevolezza delle basse vibrazioni per portarla a una posizione in cui si vive quotidianamente in allineamento con Dio, in grado di chiamare all'esistenza le creazioni nello stesso modo in cui Dio ha fatto durante il processo di creazione.

L'allineamento con Dio si ottiene mantenendo uno stato di equilibrio. Questo stato di equilibrio è estremamente importante nella pratica della spiritualità kemetica. La dea Ma'at, che incarna questo equilibrio, influenza la vita quotidiana dei kemetici fino allo stato di morte e oltre. L'allineamento con Dio può avvenire anche seguendo pratiche quotidiane che tengano conto di ciò che alimenta il corpo, la mente e lo spirito. Ogni attività che intraprendete per nutrire queste aree della vostra vita dovrebbe lavorare per avvicinarvi al vostro stato di divinità.

RAGGIUNGERE L'EQUILIBRIO

La spiritualità kemetica si basa sull'equilibrio della legge e dell'ordine spirituale nella vita di chi la pratica. Una volta perso l'equilibrio nella propria vita, sarà difficile allinearsi con la fonte. La fonte divina porta ordine, mentre uno stato di disordine è uno stato in cui il potenziale deve ancora essere realizzato, proprio come le acque di Nun prima dell'inizio della creazione.

Per raggiungere uno stato di equilibrio, dobbiamo essere consapevoli delle attività e degli insegnamenti della dea Ma'at. Per garantire il mantenimento dell'equilibrio, gli iniziati studiavano le 42 leggi di Ma'at, la dea che incarna le leggi dell'equilibrio e dell'armonia. Ma'at è colei che pesa il cuore o lo spirito di ogni iniziato quando passa attraverso le sale del giudizio dopo la morte. Questo viene fatto per determinare se sono degni di passare nell'aldilà.

I Kemetiti credevano che, quando una persona moriva, il suo cuore venisse pesato da Ma'at con la piuma della verità. In tutte le illustrazioni, Ma'at è raffigurata con questa piuma di struzzo.

La piuma serviva a pesare il cuore di una persona dopo la morte per determinare se poteva intraprendere il viaggio nell'aldilà. Coloro che non superavano il test terminavano il loro viaggio nella Sala del Giudizio, dove venivano consumati da Ammu, un incrocio tra un coccodrillo, un ippopotamo e un leone. Questa consumazione sarebbe stata la morte definitiva per quell'anima, che non avrebbe vissuto l'aldilà e non si sarebbe reincarnata sulla terra.

PER ASSICURARSI che il viaggio non venisse interrotto prematuramente, i kemetiti si impegnavano in un rituale che poneva le 42 leggi di Ma'at al centro delle loro attività quotidiane. Pertanto, questo sarebbe un buon punto di partenza per la vostra pratica.

Come praticanti della spiritualità kemetica, potete usare le 42 leggi di Ma'at per guidare le vostre attività quotidiane. Questo può essere fatto iniziando la giornata con una preghiera in una forma che riconosca e incorpori le leggi di Ma'at. È utile farlo al mattino tra le 4 e le 6, prima di proseguire con le attività della giornata. È meglio recitare di nuovo queste leggi alla fine della giornata, per aiutarvi a riflettere se siete stati in grado di seguire adeguatamente le vostre intenzioni per il giorno.

Le Leggi di Ma'at sono elencate di seguito, insieme ad alcune parole che indicano come ciascuna legge può essere interpretata e applicata nella vostra vita.

LE 42 LEGGI DI MA'AT

1. Non ho commesso peccato.
Si riferisce all'assenza di azioni sbagliate. Onora la virtù in tutte le azioni.

2. Non ho commesso furti con violenza.
Questa legge evidenzia due azioni negative. La prima è la rapina, che priva un'altra persona di ciò che le appartiene di diritto. La seconda azione è la natura violenta con cui viene compiuta. L'atto violento disturba la pace interiore di una persona, oltre al disturbo causato dalla perdita dei propi beni. Pertanto, infrangendo questa legge si compromette la capacità di un'altra persona di vivere in pace e armonia.

3. Non ho rubato.
Questa legge è strettamente correlata alla precedente in quanto, quando si ruba, si priva un'altra persona dei suoi effetti personali. Inoltre, si provoca loro un disturbo mentale, compromettendo la loro capacità di vivere in Ma'at.

4. Non ho ucciso uomini o donne.
L'omicidio è sbagliato, indipendentemente dalla situazione.

5. Non ho rubato cibo.
Quando si ruba il cibo, si priva un altro della possibilità di nutrire il proprio corpo.

6. Non ho truffato le offerte.
Quando fate un'offerta agli dei e alle dee, siate onesti su ciò che offrite. Non fingete di aver offerto più di quanto avete offerto. Non sottraete ciò che era destinato all'offerta per usarlo per voi stessi, perché in questo modo rubereste alle divinità. Esse sapranno quello che avete fatto e potreste essere privati della

benedizione che vi era destinata o addirittura subire un destino peggiore, come la morte eterna nell'aldilà.

7. Non ho rubato a Dio/Dea.

Si tratta di prendere ciò che è stato offerto agli dei e alle dee. Può trattarsi di offerte fatte da altre persone o, come nella legge precedente, di offerte che dovevate fare voi.

8. Non ho detto bugie.

Quando si dicono bugie, si vive contro i principi di Ma'at. La verità è un aspetto importante per vivere in equilibrio e armonia; pertanto, bisogna sforzarsi di essere onesti in tutto ciò che si dice.

9. Non ho portato via cibo.

Una situazione in cui si può portare via del cibo può verificarsi durante un buffet. Alcune persone si sentono giustificate a prendere un po' di cibo dal buffet per portarlo a casa. Potrebbe trattarsi di cibo da consumare in seguito o da condividere con chi non ha partecipato. In questo caso, il risultato potrebbe essere che il cibo non sia sufficiente per gli ospiti presenti all'evento. Si tratta quindi di un atto sconsiderato, che deve essere evitato.

10. Non ho maledetto

Maledire va al di là del pronunciare parolacce, come oggi conosciamo l'imprecazione. Maledire qualcuno significa augurargli del male. È l'opposto della benedizione. È meglio benedire qualcuno che maledirlo.

11. Non ho tappato le orecchie alla verità.

Ma'at è la dea della verità. Pertanto, non è sufficiente dire la verità; bisogna anche permettere agli altri di dire la loro verità e di essere ascoltati.

12. Non ho commesso adulterio

L'adulterio è l'atto di andare a letto con la moglie o il marito di qualcun altro. Questo potrebbe anche riferirsi all'atto di tradire il proprio coniuge. Non mettetevi nella posizione di godere di ciò che non è vostro. Potreste trovarvi a dover mentire sulle vostre azioni o a dovervi comportare in modo ingannevole per nascondere ciò che avete fatto.

13. Non ho fatto piangere nessuno.
Ci sono molti motivi per cui qualcuno potrebbe piangere a causa delle vostre azioni. Potrebbe trattarsi di un tentativo deliberato di fargli del male, di una bugia o di un'omissione, o di un comportamento poco gentile nei suoi confronti. Agite in modo ponderato nei confronti degli altri per evitare che si rattristino a causa delle vostre azioni.

14. Non ho provato tristezza senza motivo.
Cercate di vivere la vostra vita con gioia e in accordo con i vostri ideali più elevati. Se vi sentite tristi, individuatene il motivo e affrontatelo, per evitare di scivolare in uno stato depressivo.

15. Non ho aggredito nessuno.
Evitate comportamenti violenti, soprattutto nei confronti degli altri. Le aggressioni fisiche e psicologiche possono avere un effetto negativo a lungo termine sulla persona aggredita, che potrebbe subire un trauma.

16. Non sono ingannevole.
Non permettete che i vostri pensieri, parole e azioni si traducano in un comportamento disonesto. Agite sempre con integrità.

17. Non ho rubato la terra a nessuno.
La terra era importante a Kemet perché era la fonte delle produzioni di cibo e, quindi, un mezzo per sostenere se stessi e le proprie famiglie. Quando applicherete questo pensiero alla nostra epoca moderna, assicuratevi di non togliere a nessuno il proprio sostentamento.

18. Non sono stato un curioso.

Dovreste lasciare alle persone la privacy delle conversazioni che intraprendono a porte chiuse o quando credono di essere sole. Se avete intenzione di ascoltare una conversazione, le persone che la stanno svolgendo devono essere informate della vostra presenza, in modo che possano decidere se vogliono condividere le informazioni con voi o meno.

19. Non ho accusato nessuno ingiustamente.

Quando sapete che qualcuno non ha fatto nulla di male, non accusatelo. Mentireste e rovinereste la sua reputazione.

20. Non mi sono arrabbiato senza motivo.

Cercate di evitare di avere un temperamento focoso, perché questo può portarvi ad arrabbiarvi senza motivo. Questo ha un effetto negativo su chi vi circonda e sul modo in cui le persone vi percepiscono e interagiscono con voi. Cercate di vivere e comunicare in modo calmo. Quando vi arrabbiate, deve esserci un motivo per farlo.

21. Non ho sedotto la moglie di nessuno.

Questo è in linea con la 12a legge. Sedurre la moglie di qualcuno può portare all'adulterio, e questo va evitato.

22. Non mi sono contaminato.

Non assumete o consumate sostanze dannose per il vostro corpo. Cercate di mantenere il vostro corpo puro, stando lontani da sostanze come le droghe che possono causare un deterioramento del corpo, soprattutto per quegli organi conosciuti come i Figli di Heru, che assicurano un corpo sano.

23. Non ho spaventato nessuno.

Non comportatevi in modo da far vivere gli altri nella paura. Permettete a ogni individuo di vivere in fiducia e in pace.

24. Non ho disobbedito alla Legge.

Seguite la legge del Paese stabilita dai giudici e dai governanti del

Paese in cui vivete. Inoltre, sforzatevi di vivere in conformità con le Leggi di Ma'at.

25. Non sono stato sempre arrabbiato.
Cercate di non farvi consumare dalla rabbia. Questo vi porterà a mantenere continuamente uno stato d'animo di rabbia, finché non diventerà parte della vostra personalità.

26. Non ho maledetto Dio/Dea
Dovreste sforzarvi di vivere in allineamento con gli dei e le dee e non maledirli. Dovreste piuttosto cercare il loro favore. Se sentite che un dio o una dea non vi sta benedicendo secondo le vostre aspettative, cercate il motivo di questa situazione piuttosto che maledirli. Maledirli potrebbe causare un ulteriore ritardo nel ricevere alcune delle vostre benedizioni e della protezione richiesta.

27. Non mi sono comportato con violenza.
Quando si agisce con violenza, non si agisce in modo pacifico. Dovete sforzarvi di mantenere la pace e l'equilibrio in ogni momento.

28. Non ho provocato turbative della pace.
Questo aspetto è legato alla legge precedente. Agite in modo pacifico e permettete agli altri di agire in modo pacifico. Cercate di evitare di comportarvi in modo da disturbare le emozioni delle persone o la pace in un quartiere. Un esempio potrebbe essere quello di suonare musica ad alto volume in un quartiere di anziani, causando così l'irritazione della maggior parte dei residenti.

29. Non ho agito frettolosamente o senza riflettere.
Pensate bene alle azioni che proponete prima di farle. In questo modo, vi assicurerete di non pentirvi delle vostre azioni in futuro.

30. Non ho oltrepassato i miei limiti di interesse.
Cercate di non essere un ficcanaso che si occupa degli affari degli altri. Impegnatevi solo nelle questioni che vi riguardano. In questo modo, eviterete di cadere preda di pettegolezzi e chiacchiere istigate da menti oziose.

31. Non ho esagerato le mie parole quando ho parlato.
Quando si comunica una notizia o un racconto di ciò che è accaduto, bisogna evitare di cercare di attirare l'attenzione esagerando i dettagli di ciò che è successo. Questo a volte può equivalere a mentire e può persino causare danni a coloro a cui si riferisce la storia.

32. Non ho operato il male.
Agire sempre con bontà e integrità. Astenersi dall'agire con intenzioni dannose, perché questo è un comportamento malvagio.

33. Non ho usato pensieri, parole o azioni malvagie.
Questo è collegato alla legge precedente ed è un promemoria per vivere con purezza di parole, pensieri e azioni.

34. Non ho inquinato l'acqua.
L'acqua dà vita a ogni essere vivente. Siate gentili con voi stessi, con l'umanità e con la vita di tutta la Terra mantenendo i corsi d'acqua puliti e freschi.

35. Non ho parlato con rabbia o arroganza.
Non siate altezzosi nel vostro comportamento o nella vostra comunicazione. Siate gentili e umili nei vostri impegni.

36. Non ho maledetto nessuno con pensieri, parole o azioni.
È meglio non augurare il male a nessuno. Non bisogna nemmeno dire a nessuno che gli si augura del male, soprattutto non in un

modo che trasmetta le proprie intenzioni realmente dannose nei suoi confronti. Inoltre, è meglio astenersi dall'intraprendere qualsiasi attività che si sappia possa arrecare danno a qualcuno.

37. Non mi sono messo su un piedistallo.
È meglio non pensare troppo a se stessi. Pensare e comportarsi in modo umile è vantaggioso per voi e per tutti coloro che vi circondano. Non lasciate che il vostro ego guidi le vostre azioni.

38. Non ho rubato ciò che appartiene a un Dio/Dea.
Può capitare di imbattersi in oggetti che sono stati offerti a un dio o a una dea. Per quanto attraenti siano per i vostri sensi, non fate vostri questi oggetti. Lasciateli lì per gli dei o le dee a cui sono stati sacrificati. Prenderli come propri potrebbe avere un effetto negativo sulla vostra vita.

39. Non ho rubato né mancato di rispetto ai defunti.
Quando le persone venivano sepolte a Kemet, venivano seppellite con tesori e oggetti che dovevano essere usati nel loro viaggio verso l'aldilà. Questa legge serviva a scoraggiare le persone dal diventare ladri di tombe. Nei tempi moderni, si può attuare rispettando la volontà del defunto quando ha lasciato un testamento con istruzioni implicite. Si può anche evitare di prendere oggetti che sono stati lasciati su una tomba come chiaro ricordo di una persona cara. Rispettate i morti.

40. Non ho preso cibo da un bambino.
I bambini vanno curati e non maltrattati. Non prendete cibo a un bambino o qualsiasi altra cosa destinata a nutrirlo e sostenerlo.

41. Non ho agito con insolenza.
Agire con insolenza significa aver agito in modo irrispettoso. Assicuratevi di trattare tutti coloro che incontrate con rispetto. Questo non deve dipendere dal fatto che si ritenga che meritino o meno tale rispetto; la cosa migliore è trattarli bene.

42. Non ho distrutto proprietà appartenenti a un Dio/Dea.

Questo è in linea con la legge numero 38, che è una dichiarazione di non aver rubato a un dio o a una dea. Allo stesso modo, è meglio prendersi cura e onorare ciò che appartiene agli dèi e alle dee non distruggendolo.

FIGLI DI HERU

Durante il processo di mummificazione, a specifiche divinità note come i Figli di Heru veniva affidata la responsabilità di prendersi cura degli organi interni identificati durante il viaggio nell'aldilà. Queste divinità si chiamavano Hapi, Imsety, Duamutef e Qebehsenuef, che erano responsabili rispettivamente dei polmoni, del fegato, dello stomaco e dell'intestino. Gli organi identificati venivano mummificati e posti in vasi canopi. Ogni vaso recava l'effigie del dio che custodiva l'organo del corpo contenuto. Questo processo di conservazione sottolinea l'importanza del corpo e di questi particolari organi in questa vita e in quella successiva.

Pertanto, è bene riconoscere l'importanza del proprio corpo come contenitore che trasporta il proprio spirito attraverso il viaggio della vita sulla terra. A tal fine, è necessario benedire anche gli organi che sono stati specificamente affidati ai figli di Heru dopo la morte. Esaminando ciascuna di queste parti del corpo si capisce perché sono importanti per la vita quotidiana.

Hapi, il dio con la testa di babbuino, si occupa dei polmoni. Essi permettono di respirare l'ossigeno vitale nel corpo. Questo ossigeno è necessario a ogni cellula del corpo per sopravvivere. Se non si riesce a respirare, si muore.

L'Imsety dalla testa umana si occupa del fegato. Il fegato

secerne alcuni degli ormoni e degli enzimi più importanti per consentire la digestione degli alimenti. Inoltre, il fegato scompone alcune delle sostanze meno nutrienti che consumiamo. Tra queste vi sono le droghe e l'alcol, che il fegato scompone in modo che non siano tossiche per l'organismo. Il fegato scompone i grassi e immagazzina il glucosio, rendendolo importante per la nostra capacità di prosperare sia in tempi di siccità che di abbondanza.

Il Duamutef, dalla testa di sciacallo, protegge lo stomaco. Lo stomaco è il primo ricettacolo del nostro cibo, una volta masticato e ingoiato. Uccide le sostanze nocive e partecipa al processo digestivo.

Qebehsenuef è raffigurato sul vaso canopo con una testa di falco. Si occupa dell'intestino. L'intestino permette di assorbire il cibo nel corpo ed è composto dall'intestino tenue e dall'intestino crasso. Ciascuna di queste sezioni ha funzioni diverse nel processo digestivo. Il nervo vago, che contiene il collegamento cervello-intestino, va dall'intestino al cervello. Pertanto, qualsiasi disturbo dell'intestino ha un impatto diretto sulla chiarezza mentale e sul modo in cui gli individui possono interagire con il mondo che li circonda e goderne.

Per favorire il cammino spirituale, è consigliabile rafforzare il corpo e la mente, oltre allo spirito. Per rafforzare il corpo, è vantaggioso seguire una dieta kemetica. Questa dieta garantisce che qualsiasi cosa si consumi fornisca energia positiva proveniente direttamente dal sole, la fonte di energia della terra.

COSTRUIRE UN CORPO SANO

Una dieta che contiene alimenti non biologici e non in linea con i principi kemetici è all'origine delle popolazioni malsane della società moderna. Ciò è dovuto in gran parte all'aumento delle malattie causate dal consumo di alimenti dannosi per la nostra salute. Alcuni di questi alimenti popolari, come i latticini, gli alimenti trasformati e i frutti di mare, provocano infiammazioni, congestioni e impoverimento dell'energia. Quest'ultima è dovuta all'enorme sforzo necessario per digerire questi alimenti. Questi alimenti sono spesso causa di allergie. Quindi, invece di fornire un nutrimento facilmente accessibile al nostro corpo, questi alimenti finiscono per portare a malattie croniche, poiché il nostro corpo lotta per far fronte agli effetti dannosi di una dieta che non fa nulla per elevare la nostra frequenza vibrazionale. Al contrario, una dieta sbagliata ci fa sentire gonfi e privi di energia. Questa mancanza di energia fisica può influire sulla nostra capacità di concentrarci e di perseguire il nostro cammino spirituale.

FORZA FISICA ED EQUILIBRIO

Garantire funzioni corporee sane e l'allineamento con il divino è ulteriormente migliorato dall'incorporazione dello yoga kemetico nel nostro stile di vita quotidiano. Perché non iniziare la giornata con le tecniche di respirazione e di stretching offerte dallo yoga kemetico? Questo vi permette di mantenere un corpo forte e di incorporare il respiro della vita come forza che calma la vostra mente e vi permette di concentrarvi pienamente sulle vostre attività quotidiane. (Si veda il capitolo *Bonus* Lo yoga kemetico per dare energia alla pratica moderna alla fine di questo libro).

Una pratica meditativa che includa un allineamento con le vostre guide spirituali aiuta anche a costruire il vostro corpo fisico. È attraverso l'interazione con i vostri spiriti guida che potete raggiungere l'equilibrio e la guarigione in aree del corpo che la medicina occidentale tradizionale non riconosce o tratta con sostanze chimiche che potrebbero non essere utili per la salute generale. Un approccio spirituale al benessere avrà un effetto positivo a lungo termine sia sul corpo che sulla psiche.

UNA MENTE SANA

Concentrarsi sugli studi spirituali permette di mantenere la mente e lo spirito in un ambito che consente di creare eventi positivi nella vita. Questi studi spirituali possono essere tratti da molte delle religioni positive del mondo. Si dice che queste religioni, come il cristianesimo, l'ebraismo, l'islam e il buddismo, abbiano avuto origine nell'antica Kemet. Molti dei temi insegnati e delle storie raccontate in queste religioni hanno mantenuto le loro origini kemetiche, anche se i nomi possono essere stati cambiati e le storie adattate. Tuttavia, i principi che vengono impartiti ai loro seguaci rimangono gli stessi, con temi centrali come i Dieci Comandamenti che si dice siano stati derivati dalle leggi di Ma'at.

Per mantenere una mente sana, bisogna anche concentrarsi su pensieri positivi. Fate attenzione ai pensieri intrisi di rabbia, tristezza, preoccupazione e gelosia. Questi pensieri possono provocare nel tempo la comparsa di disturbi fisici, poiché gli organi del corpo iniziano a reagire alle sostanze chimiche e agli enzimi che vengono secreti nell'organismo quando si hanno questi pensieri. La spiritualità kemetica era consapevole di questo legame e incoraggiava il pensiero puro già migliaia di anni fa. Solo recentemente gli studi scientifici hanno riconosciuto questa correlazione. Se non ci si preoccupa di monitorare e stabilizzare i pensieri negativi, a lungo andare si può avere un effetto epigenetico (Mate, 2022). Un effetto epigenetico è un effetto che si ripercuote a livello genetico e può quindi essere trasmesso alla prole. Così, la malattia del fegato causata da troppe preoccupazioni potrebbe diventare ereditaria, in quanto sia i vostri figli che i vostri nipoti potrebbero svilupparla. Pertanto, alcuni tipi di malattie che sono considerate genetiche possono essere evitate semplicemente mantenendo una mente pura. Una volta riconosciuto che uno stato mentale sano può avere un effetto sul benessere generale, si può lavorare per garantire che il proprio ambiente e il proprio stile di vita permettano a questa mente sana di prosperare.

Per assicurar si di mantenere una visione positiva per la maggior parte della vita, sarebbe utile scegliere una professione che sia in linea con la propria personalità (Muata Ashby, 2002). In questo modo, quando ci si concentra sul lavoro, questo diventa una pratica meditativa. Se durante la giornata lavorativa vi trovate per lo più in uno stato di benessere, sarete meno inclini al malessere. Le emozioni positive che derivano dal piacere di lavorare si traducono in una continua visione positiva. Questo avrà un impatto positivo sulla salute sia a breve che a lungo termine.

I SETTE PRINCIPI ERMETICI

Oltre alle leggi del Ma'at, i sette Principi Ermetici sono un ulteriore mezzo per raggiungere l'equilibrio. Questi principi ermetici vengono applicati in tutto il mondo. La loro adozione nella cultura greca ha influenzato notevolmente la loro capacità di persistere nella comprensione spirituale moderna. I Principi Ermetici ci sono stati donati dal dio Ermete Trismegisto. Insieme alla teurgia e all'astrologia, vi permetteranno di accedere alla saggezza dell'universo. Accennerò qui brevemente a questi principi e li approfondirò nel capitolo sulla Scienza kemetica.

1. Il principio del mentalismo
2. Il principio di corrispondenza
3. Il principio di vibrazione
4. Il principio di polarità
5. Il principio del ritmo
6. Il principio di causalità
7. Il principio del genere

Insieme, questi principi dovrebbero guidarvi nel vostro cammino di iniziati spirituali, mentre prendete le vostre decisioni quotidiane.

DIVENTARE DIVINI

Il kemetismo è teurgia più che teologia. Ciò significa che va oltre lo studio degli dei e delle dee. È uno stile di vita in cui ci si sforza di essere come gli dei e le dee abbracciando i loro aspetti positivi. È necessario comprendere le sfide che gli dèi e le dee hanno affrontato nel corso della loro vita e poi lavorare per superarle nella propria vita. Potete imparare dai percorsi intrapresi dagli dei e dalle dee e lasciarvi ispirare da essi. Oltre alla mimica, la teurgia prevede anche di invocare attivamente le divinità affinché siano presenti nella vostra vita e guidino i vostri affari quotidiani. Questo comporta preghiere, rituali e altre pratiche spirituali come lo yoga. Questo vi permette di usare la presenza e l'energia della divinità per aiutarvi a superare le sfide, proprio come indossare un impermeabile vi permette di camminare sotto la pioggia senza bagnarvi. L'impermeabile non vi rende impermeabili, ma vi impedisce di essere colpiti direttamente dall'acqua. Quando si indossa un impermeabile, si arriva asciutti a destinazione. Quando si pratica la teurgia, si superano le sfide della vita quotidiana senza il profondo impatto emotivo e spirituale che alcuni eventi possono portare. La pratica della teurgia può anche aiutare a superare l'impatto di precedenti eventi negativi. Questo vi fornisce la migliore piattaforma per raggiungere i vostri obiettivi di vita.

Oltre a conoscere le loro vite, potete lavorare a stretto contatto con le leggi e le energie universali. Potete farlo partecipando deliberatamente a rituali come l'omaggio agli antenati e agli spiriti guida. Questo vi aiuterà a prestare attenzione alle leggi ermetiche e a vivere in modo da allinearvi con esse. La capacità di fare questo e quindi di manipolare gli eventi a proprio favore è ciò in cui consisteva la magia nell'antica Kemet. In effetti, a Kemet esisteva un dio della magia, il cui nome era Heka. Di solito veniva raffigurato con un copricapo e due mani alzate. Era talmente inserito e presente in tutti gli aspetti della vita da sembrare quasi invisibile per la sua onnipresenza. Pertanto, anche a voi si raccomanda di essere consapevoli dell'onnipresenza delle forze magiche e della possibilità di sperimentare effetti straordinari come risultato.

La salute è uno stato di mente, corpo e anima. Questi tre aspetti del sé devono essere sani e in equilibrio, se si vuole garantire una salute costante. Secondo l'esperto di Kemetismo Muata Ashby, "le malattie e i disturbi devono essere affrontati a livello dell'anima attraverso la disciplina della meditazione, a livello mentale attraverso lo studio e la comprensione dello scopo della vita... e a livello fisico con una dieta adeguata e l'esercizio fisico".

Vivere uno stile di vita kemetico che includa lo yoga kemetico, la meditazione sulle leggi di Ma'at, una dieta kemetica e uno studio spirituale giova quindi alla salute e al benessere generale. Quando si vive in un corpo sano, con una mente e un'anima sane, si vive in armonia con se stessi e in accordo con le leggi di Ma'at. Pertanto, uno stile di vita kemetico che cerchi di migliorare la propria vita spirituale è benefico per tutti gli aspetti della propria esistenza.

HET HERU

2
L'ALBERO DELLA VITA E COME USARLO PER RAGGIUNGERE UNA COSCIENZA SUPERIORE

L'Albero della Vita è stato reso popolare da diverse religioni. Le prove della sua esistenza si trovano in credenze, testi religiosi e luoghi geografici che vanno dalla Cabala, al Buddismo, alla religione celtica, al Cristianesimo, alla religione turca, agli Assiri, ai Maya, ai nativi americani, all'Induismo, all'Islam e alla Cina. Ciò che accomuna tutte queste culture è la visione dell'albero della vita come connettore tra cielo e terra. Alcune culture vedono l'albero della vita anche come una forza che unisce famiglie, culture e società.

Le rappresentazioni dell'albero della vita in queste culture mostrano un albero con le sue radici e i suoi rami che si estendono in basso e in alto per diventare parte del cerchio in cui è racchiuso. Queste visualizzazioni incarnano come l'albero della vita sia uno strumento per crescere dalle nostre radici terrene a un livello in cui abbracciamo il divino nei cieli. Utilizzando l'albero della vita nel nostro cammino spirituale, possiamo raggiungere livelli più elevati di consapevolezza spirituale e allo stesso tempo creare un impatto positivo su coloro che ci circondano mentre svolgiamo le nostre attività quotidiane. L'uso dell'albero della vita come strumento di illuminazione spirituale ci permette di abbracciare sia il cielo che la terra.

Anche l'albero della vita kemetico si estende dalla terra verso il cielo. Tuttavia, invece di un albero, utilizza la forma di un obelisco come rappresentazione visiva. La lunga colonna rappresenta le varie fasi e i molteplici punti di connessione dei vari dei e dee raffigurati nella storia della creazione. La pietra di Benben, di forma triangolare, posta in cima alla struttura, rappresenta il punto di connessione con il dio creatore sotto forma di sole nascente, noto anche come Amen Ra o Amun Ra. È sulla pietra di Benben che Ra si posò quando emerse dalle acque di Nun. Da questo punto di osservazione ha usato l'energia della vibrazione per creare il mondo. Scendendo dalla pietra di Benben e percorrendo la colonna dell'obelisco, incontriamo diversi piani di esistenza, ciascuno associato a diversi principi. Ognuno di questi principi, o divinità, in questi piani di esistenza, rappresenta un punto lungo il viaggio dell'uomo nella sua crescita verso l'illuminazione. In senso opposto, questi punti rappresentano il viaggio della creazione verso il basso, dall'etereo verso una densità crescente. Oltre all'obelisco con in cima la pietra di Benben a forma di piramide, la struttura piramidale può essere vista anche come l'albero della vita. Perché ciò avvenga, è necessario includere i principi che formano la struttura di base che permette alla creazione di esistere. Questi principi sono conosciuti come Nebethetepet e Iusaaset. Si uniscono per formare il tempo e lo spazio, creando una piattaforma su cui la creazione può esistere. Insieme a Ra, formano una struttura triangolare che ancorano l'obelisco che rappresenta la storia della creazione.

Quando utilizzate l'obelisco o la piramide come struttura per aiutarvi a identificarvi con i principi della creazione e a manifestarli nella vostra vita, dovete comprendere l'ordine in cui i principi sono apparsi durante il processo di creazione. Dovrete anche incarnare i tratti di questi principi per affrontare le sfide che ogni principio ha incontrato durante la sua creazione. Le sfide che i principi hanno affrontato nel corso della loro vita e i modi in cui le hanno continuamente superate sono anche una linea guida per aiutarvi a raggiungere la grandezza nella vostra vita, emulando i comportamenti che li hanno aiutati a superare le sfide.

Durante il processo di creazione, ogni principio è stato emanato dal divino in un processo di creazione discendente. Nel vostro cammino spirituale, impegnerete ogni principio nell'ordine opposto a quello in cui è stato creato. Ogni passo che farete per salire questa scala vi avvicinerà alla vostra divinità. Più incarnate gli aspetti positivi del dio o della dea associati, maggiore sarà la vostra crescita spirituale. L'intenzione finale è quella di raggiungere l'allineamento con il dio creatore, Ra.

Per aiutarvi nel vostro viaggio, approfondiamo il processo di creazione e i principi nel loro ordine di apparizione attraverso i quattro piani di esistenza.

PIANI DI ESISTENZA

L'albero della vita kemetico risale al 4000 a.C. ed è rappresentato da un obelisco o da una piramide che raffigura il cammino verso l'illuminazione spirituale. L'obelisco è diviso in quattro piani di esistenza attraverso i quali deve avvenire l'ascensione per raggiungere lo stato divino. Ogni piano di esistenza rappresenta una diversa facoltà umana che deve essere impegnata e superata nel viaggio verso l'illuminazione.

L'illuminazione si ottiene superando le sfide che si incontrano quando si affrontano i principi che risiedono in ciascuno dei quattro piani di esistenza. Ogni principio è rappresentato da una divinità che rappresenta la forza suprema di cui si è responsabile.

Conquistando ogni forza all'interno di voi stessi come cercatori spirituali o iniziati, potete passare dalla padronanza degli elementi più densi a quelli più eterei. Una volta padroneggiate tutte e 11 queste forze, si raggiunge un livello di trascendenza.

Le forze sono spesso percepite come una spinta interiore o un desiderio. Questo vi guiderà a capire dove vi trovate nel viaggio, su cosa dovete concentrarvi e come gestire le sfide attuali in ogni momento. I principi sono presentati di seguito nell'ordine di creazione, cioè dall'alto verso il basso. Ricordate, però, che il vostro viaggio spirituale sarà un'ascesa dal basso verso l'alto. Ogni volta che supererete una sfida, ne affronterete un'altra che si trova più in alto nell'albero della vita. Se continuerete il vostro viaggio spirituale, salirete fino a raggiungere la divinità di Ra.

NUN

La storia della creazione inizia nel primo piano di esistenza, che è Nun, la coscienza indifferenziata. È da queste acque caotiche di Nun che Ra sorge per sedersi sulla pietra del Ben-ben. Nun è il regno assoluto dei mondi trascendenti.

RA, O RE

Rappresentato da un uomo con la testa di falco e un disco solare sulla testa, Ra è il dio creatore. Ha creato il dio Shu e la dea Tefnut dopo essere emerso dalle acque di Nun. Shu e Tefnut rappresentano l'aria e l'umidità.

Ra rappresenta la crescita degli esseri viventi attraverso il potere del sole, che Ra incarna. Ra si esprime in forme diverse, come il sole che sorge - Amun Ra - e il sole che tramonta - Tem Ra -. In entrambe questi stati, Ra si prepara a spendere una grande quantità di energia per metà della giornata. Come Amun Ra, si prepara a illuminare la terra, portando calore e capacità di crescita e di creazione di cibo attraverso gli effetti della fotosintesi. Come Tem Ra, invece, sta per essere inghiottito dalla dea del cielo, Nut. Quando Nut inghiotte Ra, si presenta sotto forma di cielo notturno. Qui entrerà nel mondo sotterraneo e trascorrerà l'intera notte attraversando 12 porte e combattendo il dio serpente Apep. Alla fine emerge vittorioso sotto forma di sole mattutino il giorno seguente.

Mentre l'obelisco rappresenta l'albero della vita, Ra siede in cima alla pietra di Benben, che si trova alla sommità dell'obelisco. Questo indica il suo ruolo di governatore di tutte le altre divinità presenti sull'albero della vita e nel viaggio della creazione. Se si estende il Benben al suolo, si scopre che crea la forma di una piramide a livello del terreno. Questa piramide è ancorata ai lati da Nebethetepet e Iusaaset. Sono il dio e la dea che erano presenti all'inizio della creazione, quando Ra creò il mondo. Tuttavia, a causa del loro ruolo di ancoraggio alla piramide maggiore, non si trovano sul piano di Nun. Si trovano nel piano più basso dell'esistenza, il Ta.

DUAT

Quando Ra emerse dalle acque di Nun, si trovò nel regno dei morti: il Duat. Questo viene anche chiamato regno astrale. Qui emerse nella forma consona a questo regno, ovvero Atum Ra o Tem Ra. Quando si trovava in questo spazio, si occupò di portare ordine nel mondo creando la dea Ma'at. Qui, nel regno dei morti, creò anche la compagna di Ma'at, Djehuti. In questo regno sono accompagnati da Het-Heru, nota anche come Hathor, la dea del cielo.

Duat, il piano causale, è il centro delle facoltà mentali come la coscienza e l'individualità. I principi dell'equilibrio e dell'ordine, così come l'intelletto, si trovano su questo piano. Ma'at è l'equilibrio e l'ordine, mentre Djehuti è l'intelletto. Essi sono tenuti insieme dalla sottile forza dell'ordine rappresentata da Het-Heru.

MA'AT

Ma'at rappresenta l'ordine. È la dea della verità, dell'equilibrio e dell'ordine. Se nel corso della vostra vita opererete secondo le leggi di Ma'at, vi assicurerete che la vostra vita sia in armonia con le leggi universali. Queste leggi universali di Ma'at sono state poste in essere come struttura di base necessaria a tutta l'esistenza. Ra ha fatto nascere Ma'at prima che il resto della creazione fosse messo in atto. Le leggi ermetiche che seguono il principio di Ma'at e l'allineamento con esse vi mettono in sintonia con tutta la creazione. Per questo motivo, adottando queste leggi si ha la possibilità di manifestare le proprie intenzioni più velocemente che se si fosse in uno stato di disordine o caos.

DJEHUTI O THOTH

Djehuti, noto anche come Thoth, rappresenta l'intelletto. È il dio della saggezza, della magia, della parola scritta e della luna. Thoth era il dio dell'equilibrio e, pertanto, lavorava a stretto contatto con Ma'at. Era spesso rappresentato come un uomo con la testa di un ibis o come un babbuino seduto. La sua vicinanza a Ra è testimoniata dal disco solare che spesso porta in testa. È uno scriba e un consigliere degli dèi. Governa anche le questioni di giustizia sulla terra. Scaccia Apophis o Apep, il serpente del caos che ogni notte cerca di divorare Ra. Thoth conosce il passato e il futuro, compreso il destino di ogni persona dal momento della sua nascita. Egli conta i giorni e gli anni dell'umanità. Dopo la morte, aiuta le persone a passare attraverso la sala della giustizia, fornendo loro incantesimi da usare contro i demoni degli inferi.

Thoth è anche conosciuto come Ermete Trismegisto. In questa rappresentazione, ci ha portato i Principi Ermetici. Questi principi ci guidano sulle modalità di funzionamento delle leggi dell'universo. Ci mostrano come comportarci se vogliamo impegnarci con queste leggi allo scopo di apportare cambiamenti nella nostra vita. Ci ha portato anche le Tavole di smeraldo di Thoth, che raccontano gli ultimi giorni di Atlantide e come il suo amore per la conoscenza abbia portato alla sua trasmutazione da uomo in Atlantide a dio in Egitto.

HET-HERU O HATHOR

Hathor è la dea guerriera con il disco solare e le corna di toro. Come guerriera, fa parte del consorte noto come l'Occhio di Ra. È la squadra che Ra ha inviato sulla Terra per ristabilire l'ordine.

Una storia su Hathor racconta che un tempo Sekhmet fu inviata sulla Terra per punire l'umanità per le sue malefatte. Quando Sekhmet arrivò, iniziò a uccidere le persone indiscriminatamente perché avevano tutti peccato. Ra ingannò Sekhmet facendole bere della birra che sembrava il sangue dell'umanità. L'alcol la fece addormentare e quando si svegliò non era più Sekhmet, ma aveva assunto le sembianze della divertente Hathor.

Hathor è una dea amante del divertimento il cui dono al mondo è la gratitudine. Osservare i rituali religiosi, pregare e partecipare alle feste è la sua ricetta per una buona vita. L'atteggiamento di gratitudine che lei insegna permette di mantenere le leggi di Ma'at, se si riesce a coltivarle. Gli effetti della gratitudine si protraggono anche nell'aldilà, poiché mantiene il cuore leggero come una piuma e, quindi, in grado di attraversare le sale del giudizio.

PET

Una volta create le strutture che regolano l'universo, Ra creò Shu e Tefnut - l' aria e umidità - sputandoli o starnutendoli. Questi erano i suoi figli, che egli collocò nel piano celeste. Questi, a loro volta, crearono Geb e Nut, la terra e il cielo.

Al di sopra del piano fisico si trova Pet, il piano astrale. È a questo livello che risiedono i sogni, le idee, i pensieri, le emozioni e l'immaginazione. I principi da superare per conquistare questo piano sono l'aria o l'etere, la terra, l'acqua e il cielo. Per questo è necessario coinvolgere Shu, Geb, Tefnut e Nut.

SHU

Shu rappresenta l'aria, lo spazio e l'etere. Shu è il dio della luce e una forza di conservazione. La conservazione avviene in sua presenza. Per comprendere questo concetto, si pensi a come il cibo disidratato possa essere conservato per essere consumato più a lungo.

Le sue immagini lo raffigurano con piume di struzzo sul capo. Con una mano porta un ankh, che rappresenta il respiro della vita. Con l'altra mano porta uno scettro, che rappresenta il potere. Spesso lo si vede sorreggere con entrambe le mani il cielo - il Nut - mentre i suoi piedi sono appoggiati accanto a Geb - la terra - che giace a terra in stato di riposo. In alcuni casi, Shu è raffigurato come un leone. Shu e Tefnut erano anche venerati come una coppia di leoni.

TEFNUT O TEFENET

Tefnut rappresenta l'acqua e la forza vitale. È la dea dell'acqua, che porta il cambiamento attraverso l'introduzione dell'umidità. Nel provocare il cambiamento, crea il concetto di tempo, che viene utilizzato per differenziare gli stati prima e dopo il cambiamento.

La si vede con un serpente ureo e un disco solare sulla testa. È stata anche raffigurata con una corona di piante germoglianti sul capo. Come Shu, porta con sé un ankh e uno scettro, che rappresentano la vita e il potere.

NUT

Nut rappresenta il cielo. È la dea del cielo. Nut e Geb erano due gemelli nati tenendosi stretti l'uno all'altro. Quando Ra ordinò a Shu di separarli, egli tenne Nut sopra la sua testa e lasciò Geb disteso ai suoi piedi. Il corpo di Nut tiene a bada il caos, che altrimenti sfonderebbe i cieli e supererebbe la terra. È lo stesso caos che minaccia di consumare Ra ogni giorno sotto forma del serpente Apep mentre attraversa il Duat. Poiché Ra aveva decretato che Nut non poteva partorire in nessun giorno dell'anno, era necessario trovare una soluzione creativa per permettere a Nut incinta di partorire. Thoth escogitò un modo per permettere a Nut, fortemente incinta, di partorire senza sfidare Ra. Creò cinque giorni in più usando frammenti di luce lunare. Nut poté partorire in successione durante questi giorni extra. Il calendario kemetico ha 360 giorni e 5 giorni in più per tenere conto della rivoluzione completa intorno al sole. Non si può fare a meno di chiedersi se questi cinque giorni extra siano quelli creati da Djehuti per fornire a Nut dei giorni in più per partorire. Dopo tutto, i giorni extra non rientrano facilmente nel calendario kemetico ben suddiviso.

Nut inghiotte Ra a ovest al tramonto e lo partorisce a est all'alba. Mentre attraversa il suo corpo interiore, Ra combatte i demoni degli inferi, tra cui il serpente Apep, che Thoth aiuta a scacciare. Nut fornisce aria fresca alle anime che si trovano nel mondo sotterraneo.

Nut è solitamente raffigurata ad arco sulla terra, con i piedi che toccano il suolo a sinistra e le mani che toccano il suolo a destra dell'immagine. Viene anche rappresentata come una scala tra la terra e il cielo, sulla quale le anime possono salire per raggiungere l'aldilà. Il suo corpo è spesso dipinto di blu e coperto di stelle che rappresentano il cielo notturno.

GEB

Geb rappresenta la terra, in quanto è il dio della terra. È il fratello gemello di Nut, la dea del cielo.

Le sue immagini lo raffigurano come un'oca o come un uomo con la testa d'oca. Altre immagini lo mostrano come un uomo che indossa la corona di Atef, una combinazione della corona di Hedjet bianca a forma di cono con piume di struzzo arricciate su entrambe i lati.

TA

Geb e Nut ebbero dei figli che vissero sul piano terreno dopo la loro difficile nascita. Essi dovettero vivere sulla terra perché Ra decretò che non erano considerati idonei a vivere sul piano celeste a causa delle circostanze della loro nascita. Questi figli di Nut sono diventati i protagonisti delle storie che descrivono le principali battaglie che l'umanità affronta vivendo nel regno terreno. Si tratta di battaglie legate all'inganno, all'invidia e al superamento del male attraverso la perseveranza.

Ta è il piano fisico dell'esistenza su cui sperimentiamo la vita. È il piano più denso dell'esistenza. Su questo piano si trovano le forze note come Asar, Aset, Set, Nebthet, Heru Ur, Nebethetepet e Iusaaset.

ASAR, AUSAR, O OSIRIS

Asar rappresenta l'anima eterna. È il dio della fertilità, della vita, della morte e degli inferi. La sua sovranità sulla fertilità comprende l'inondazione annuale del fiume Nilo e il successo agricolo. Quest'ultima è un'associazione che cementa la sua identità di uomo verde. È stato anche raffigurato come un uomo nero in una bara. Ciò è dovuto al fatto che fu ucciso dal fratello Set più di una volta, e ogni volta la moglie Aset si adoperò per restituirgli la vita. La prima volta che il fratello lo uccise, fu ingannato e fatto entrare in una bara. Il fratello chiuse il coperchio e gettò la bara nel fiume Nilo. Tuttavia, invece di morire, Asar rimase intrappolato in un pilastro fatto di legno, uno djed o Zed. Il salvataggio di Aset dal pilastro di legno provocò un secondo tentativo di omicidio da parte del fratello. Le sue immagini lo ritraggono mentre indossa la corona di Atef con il suo riconoscibile dettaglio laterale di piume di struzzo, mentre le sue mani tengono un bastone e un flagello.

Asar è il marito-fratello di Aset e il padre di Anpu, o Anubi. Anpu è il figlio di Nefti ed è stato concepito quando lei era sotto mentite spoglie: così viene raccontata la storia per nascondere il fatto che Asar ha avuto un figlio fuori dal matrimonio. Pertanto, Nefti, la dea dell'aria, si sarebbe travestita da Auset, sua sorella e moglie di Asar. Asar è anche il padre dei gemelli Heru (Horus minore) e Bastet. Essendo il re degli inferi, tutti i faraoni aspiravano a diventare come Asar alla loro morte.

ASET, AUSET, O ISIS

Aset rappresenta la saggezza e l'intuizione. Detiene il titolo di "madre di tutti gli dei", poiché ogni faraone è stato suo figlio-Heru. Tuttavia, alla morte, questi stessi faraoni aspiravano tutti a diventare suo marito Asar. Grazie al suo potere di resurrezione, fu in grado di riportare in vita suo marito Asar la prima volta che suo fratello Set lo uccise. Dopo aver fatto questo, Set lo tagliò in 14 pezzi per assicurarsi che fosse veramente morto. Tuttavia, Aset raccolse tutti i suoi pezzi per potersi permettere un funerale decente. Ha persino creato una parte del corpo sostitutiva dopo che non è riuscita a trovare il suo pene, che era stato inghiottito da un coccodrillo. Sarebbe corretto dire che fu grazie alle sue instancabili azioni che Asar poté prendere il suo posto come sovrano degli inferi dopo la sua sepoltura.

Grazie al suo potere di resuscitare i morti, Aset era considerata molto abile nelle arti magiche. In questo modo si guadagnò la reputazione di poter guarire tutte le malattie. Potete invocare Aset affinché venga in vostro aiuto nelle circostanze più difficili, come facevano gli antichi Egizi. Ha superato molte situazioni difficili e aiuta chi ne ha bisogno. La sua capacità di superare è stata acquisita da Ra dopo che lei lo ha ingannato per fargli rivelare il suo vero nome. In questo modo, riuscì a corromperlo e a convincerlo a darle i suoi poteri.

Si dice che le immagini di Aset che allatta Horus abbiano ispirato i primi dipinti di Maria e Gesù. Horus fu concepito da Aset dopo aver creato un fallo per lui, per assicurarsi che il suo corpo fosse completo al momento della sepoltura. Altre immagini di Aset la mostrano con un disco solare sulla testa, portato da un trono o da un copricapo a forma di avvoltoio. È stata anche raffigurata con una corona Shuty che porta l'ureo e il disco solare tra due corna di vacca. Tuttavia, l'uso dello Shuty potrebbe avere a che fare con la sua conversione da parte del popolo nella forma di Hathor durante gli ultimi anni delle dinastie egizie. Alcune immagini la ritraggono anche con una corona a tre gradini. È associata alla luna, al fiume Nilo e alle stelle.

SETH, O SATET

Era il dio del caos, della confusione, della distruzione, delle tempeste, delle terre straniere, delle eclissi, dei terremoti e della violenza. Set era il fratello di Asar, al quale portò una grande quantità di caos violento nel corso della sua vita. Set uccise Asar durante una lotta per il potere sull'Egitto. Come sovrano di terre straniere, era anche un protettore di cacciatori, soldati e carovane commerciali. Seminò confusione tra le truppe nemiche, portando al successo l'esercito egiziano. Negli anni successivi fu considerato un amico di Ra.

È raffigurato come un cane dal muso lungo, con orecchie lunghe e coda biforcuta.

NEBTHET, O NEPHTHYS

Dea dell'aria, Nebthet era sposata con Set ed era la madre di Anubi. Anubi è il figlio di Asar, che Nebthet concepì dopo essersi travestita da sua sorella Aset e aver sedotto Asar.

Insieme ad Aset, contribuì a resuscitare Asar dopo che Set lo aveva ucciso. Questo le valse il titolo di "protettrice dei morti". È l'unica a vegliare sugli organi contenuti nei vasi canopi che vengono posti nella tomba accanto ai morti quando vengono sepolti.

A volte è raffigurata con un cesto sulla testa. È stata anche raffigurata come una donna in lutto e come un falco.

HERU-UR (HORUS IL PIÙ ANZIANO)

Heru-Ur combatté con Set dopo che Set uccise Asar per il trono. Durante la lotta, Heru-Ur perse l'occhio sinistro. L'occhio fu ripristinato da Djehuti. Di conseguenza, la luna attraversa diverse fasi, che simboleggiano i periodi in cui l'occhio di Heru-Ur era completo fino al momento in cui non aveva più l'occhio. Quando il ciclo lunare riprende, l'occhio di Heru-Ur torna ad essere completo. Pertanto, l'occhio di Heru-Ur simboleggia il restauro, la salute e la protezione. L'occhio di Heru-Ur, completamente restaurato, è simboleggiato dal wedjat, noto anche come occhio di Horus. Si ritiene che gli amuleti dell'occhio di Horus siano potenti.

Negli anni successivi, tuttavia, Aset venne a simboleggiare Hathor. In questa stagione, Heru-Ur viene raffigurato come un figlio o un marito di Hathor. I Greci adottarono Heru-Ur come Horus e, negli anni successivi, gli diedero il nome di Apollo. Pertanto, qualsiasi menzione di Apollo nei testi greci può essere considerata come riferita a Heru-Ur come dio.

Heru-Ur era rappresentato da un falco o da un disco solare alato. L'Heru-Ur alato che si libra sulla testa in un'immagine indicava un re. Sotto forma di falco, il suo occhio destro era la stella mattutina del potere. L'occhio sinistro era la luna o la stella della sera, che aveva la forza di guarire.

NEBETHETEPET, O NEHMETAWY

Nebethetepet rappresenta il riposo. Insieme al movimento, rappresentato da Iusaaset, crea il tempo e lo spazio. Insieme a Ra, quindi, formano un triangolo che è il fondamento del tempo e dello spazio. Questo fondamento permette a Ra di creare il mondo.

Come Nehmetawy, era la moglie di Thoth e, a volte, la moglie del dio serpente Nehebu-kau. Nehmetawy era la protettrice della legge e rappresentava la saggezza e la giustizia. Il nome Nehmetawy significa "colei che abbraccia i bisognosi".

È raffigurata come una donna con un abito lungo, a volte con un bambino in braccio. Sul capo porta una corona costituita dal sistro affiancato da due uraei (uraei è il plurale di uraeus. L'ureo è il cobra egizio, che veniva spesso posto come simbolo sulle corone dei reali egizi). Il sistro è uno strumento musicale a forma di U rovesciata, con un manico a un'estremità e barre disposte orizzontalmente sulla U. Il suono che produce è simile a quello di un tamburello.

Ogni ureo della corona di Nehmetawy aveva un disco solare sulla testa. Questo strumento a sistro che costituisce la sua corona è simile a quello che a Hathor viene spesso visto portare in mano. Si è ipotizzato quindi che ci siano altri collegamenti tra Nehmetawy e Hathor.

IUSAASET, IUSAS, O SAOSIS

Iusaaset rappresenta il movimento. È anche la dea dell'albero della vita. L'albero della vita è l'acacia perché non solo è resistente, ma è anche commestibile e ha proprietà medicinali. Tutte le divinità, a parte Atum Ra, sono nate sotto l'acacia e Iusaaset è la nonna di tutte. Essendo la dea dell'acacia medicinale, ha la capacità di rimuovere ogni impurità dal corpo e di guarire tutte le malattie. Questa sua capacità è riportata nel Libro del giorno che viene, noto anche come Libro egizio dei morti.

Insieme ad Atum Ra, ha creato il mondo, essendo la dea della creazione. È lei a pronunciare le parole che hanno creato il mondo.

È anche conosciuta come uno dei 10.000 volti di Iside. Nelle sue immagini è raffigurata con un disco solare tra due corna che si trova sopra una corona raffigurante un avvoltoio. Nelle mani porta un ankh e uno scettro.

Questi sono gli dei e le dee della creazione. Sono presentati nello stesso ordine in cui si sono manifestati. Tuttavia, quando vi confrontate con loro, dovete farlo dal basso verso l'alto, come strumento per aiutarvi a migliorare la vostra vita.

Meditando sulle sfide che hanno affrontato, potete imparare da loro per aiutarvi ad affrontare le vostre stesse difficoltà. Potete anche chiedere loro una guida nelle aree che hanno superato. In questo modo, diventano le vostre guide nel vostro percorso di vita.

HEKA

3
LA SCIENZA ERMETICA RESA SEMPLICE PER UNA VITALITÀ E UN'ABBONDANZA SENZA SFORZO

Come già detto, la Scienza Ermetica fu introdotta nell'antica Kemet e poi nell'antica Grecia da Ermete Trismegisto. I principi da lui introdotti si basano sulla scienza. Tuttavia, fino alle recenti scoperte scientifiche, questi principi sembravano essere intrisi di credenze senza alcuna base scientifica. I progressi della scienza moderna hanno portato la comprensione scientifica al livello in cui la spiritualità e la religione sono sempre esistite. Questo è il livello in cui le azioni basate sulla fede si traducono in risultati tangibili. Con questa conoscenza si comprende che l'esaudimento delle preghiere non deve più essere attribuito a una coincidenza. Al contrario, la preghiera è una conferma del successo dell'attuazione di azioni basate sulla scienza. Queste azioni devono essere intraprese in linea con la Scienza Ermetica e i Sette Principi Spirituali.

Oltre a essere state tramandate nelle famiglie e nelle società segrete, le leggi ermetiche sono state per lo più perse dalla società nel corso dei millenni. Nell'ultimo secolo, ci sono state occasioni in cui queste leggi sono emerse in varie forme per fornire indicazioni a coloro che erano in grado di ricevere questa conoscenza. Questo libro è uno di questi, in quanto porta l'attenzione sulle Leggi Ermetiche in modo diretto. Altri libri che hanno fatto questo includono The Secret di Rhonda Byrne, As A Man Thinketh di James Allen e Think and Grow Rich di Napoleon Hill, per citarne alcuni.

Questi libri hanno cercato di attirare la nostra attenzione sul fatto che ciò su cui ci concentriamo porta alla crescita in quell'area. Questo è vero sia che si tratti di un pensiero positivo o negativo su cui ci concentriamo. La nostra attenzione, combinata con le nostre emozioni, serve come fertilizzante spirituale per la crescita di quella cosa. Il motivo per cui questo avviene è dovuto ai principi ermetici a cui l'universo è allineato. Le nostre emozioni servono come fonte di energia che alimenta la nostra concentrazione e attiva così il potere di creazione che esiste in noi. Quando conosciamo e comprendiamo queste leggi universali, siamo in grado di apportare cambiamenti nella nostra vita che sarebbe stato difficile realizzare da una posizione di ignoranza.

IL PRINCIPIO DEL MENTALISMO

Questo principio afferma che l'universo è mentale. Si riferisce al fatto che esiste una coscienza suprema che controlla l'intero universo. È questa coscienza suprema che controlla il movimento dei pianeti, le maree del mare e i ritmi del vostro corpo (Atkinson, 1908).

La credenza in un potere spirituale superiore che ha creato

l'universo è alla base della maggior parte delle religioni mondiali. Queste religioni attribuiscono a questo potere spirituale superiore la capacità di controllare il mondo e di assicurare che tutte le operazioni si svolgano senza problemi, sia in cielo che in terra. Le religioni abramitiche hanno tradizionalmente concepito questa figura come avente qualità umane. La versione eurocentrica ha visto la rappresentazione di Dio come un vecchio barbuto che fluttua su una nuvola nel cielo. I recenti eventi scientifici ci hanno aiutato a spostare la nostra attenzione da un'unica entità fisica che controlla il mondo verso la comprensione dell'interconnessione tra gli esseri viventi. La nostra precedente personalizzazione della coscienza universale si è rivelata un metodo utile per dirigere il focus delle nostre intenzioni utilizzando il metodo della preghiera. La sua utilità nasce dall'idea che la maggior parte delle persone non è in grado di concentrarsi sulla coscienza che è in loro o nell'universo. È più facile che riescano a indirizzare le preghiere verso Allah, Dio o Gesù, ottenendo risultati simili.

Anche gli antichi Egizi utilizzavano la personalizzazione della coscienza universale per orientare le loro preghiere verso i risultati desiderati. Si spinsero oltre un singolo dio per concentrarsi sui vari aspetti che Dio incarna. Personalizzando ogni aspetto, hanno trovato un modo per separare i loro bisogni in singoli dei e dee che riflettevano ciò che avrebbero voluto sperimentare o vedere realizzato nella loro vita. In questo modo, erano in grado di indirizzare la loro preghiera a quello specifico dio o dea che incarnava i principi particolari che cercavano. Questo ha permesso loro di concentrarsi sulle aree specifiche in cui avevano bisogno di migliorare.

Questo approccio può essere utilizzato anche per aiutare la vostra vita di preghiera e il vostro processo di manifestazione.

Quando riconoscete gli dei e le dee che si occupano dell'area della vostra vita che vorreste far crescere, potete concentrarvi sui principi che quelle divinità incarnano. Quando si combina questo con la conoscenza dei principi ermetici, la capacità di ottenere il risultato desiderato aumenta grazie alla capacità di formulare una richiesta più precisa. Ciò equivale ad avere una preghiera mirata. Invece di pregare Dio per ottenere una benevolenza generale nella vostra vita, potete pregare il Dio che vi aiuta a superare l'ego. In questo modo, potete usare il principio del mentalismo per guidare la vostra capacità di concentrazione. Così facendo, vi impegnerete con la coscienza universale e otterrete i cambiamenti che cercate.

La scienza ha continuato a fornirci prove dell'interconnessione tra tutte le realtà. La riscoperta dell'atomo e dei suoi componenti ha rivelato che si tratta di particelle minuscole che costituiscono tutti i componenti della realtà. Questa conoscenza ha cambiato il modo in cui guardiamo a tutta la materia fisica. Il fatto che l'atomo possa essere diviso per creare una potente esplosione ha creato la consapevolezza dell'immenso potere che risiede nelle cellule di ogni persona.

La fisica quantistica ha ulteriormente scomposto gli atomi in elettroni, quark e neutroni, i cui stati possono essere influenzati dalla semplice osservazione. Per avere un effetto sullo stato dell'oggetto, l'osservatore deve avere un'intenzione o un'aspettativa nei confronti dell'oggetto. La teoria quantistica ci dice che un oggetto, prima di esistere nel mondo reale, vive in uno stato di potenziale. Può esprimere il suo potenziale come onda o come particella e, una volta espresso, non può tornare indietro. Il momento dell'esistenza è preceduto da un'intenzione che coincide con l'osservazione. L'intenzione dell'osservatore, quindi, determina se una particella rimarrà una particella o diventerà un'onda. Da ciò si evince che ciò che si ha in mente sotto forma di intenzioni può influire sull'esito di un evento osservato. Questo è l'inizio per vedere il principio del mentalismo in azione.

Queste minuscole particelle possono influenzarsi a vicenda anche quando non sono in prossimità l'una dell'altra. L'approfondimento di questo concetto da parte della comunità non scientifica ha spostato l'applicazione delle conoscenze che ne derivano dal regno scientifico a quello spirituale. Di conseguenza, abbiamo visto professionisti come il dottor Joe Dispenza utilizzare la teoria quantistica come strumento per guidare la manipolazione dell'esistenza di un individuo lavorando con il campo informativo (Dispenza, 2021). Riconoscendo il potere dell'osservazione e dell'intenzione, Dispenza ci incoraggia a mantenere pensieri ed emozioni positivi se vogliamo ottenere risultati positivi nella nostra vita. La sua convinzione che si possa influenzare l'ambiente sfruttando il potere della mente è stata sempre più ripresa da vari leader spirituali e di pensiero.

Alla base di questi nuovi insegnamenti c'è la convinzione dell'esistenza di una coscienza universale. Si ritiene che tale coscienza colleghi tutta la materia vivente, compreso ogni essere umano. Pertanto, ogni persona deve capire che può attingere al potere di questa coscienza universale abbracciando una mentalità positiva e, quindi, innalzando la propria vibrazione fino a farla assomigliare a una frequenza più vicina a un'onda (il campo informativo) che a una particella (la materia).

Abbracciare una mentalità positiva vi garantirà di manifestare risultati positivi nella vostra vita. Al contrario, se ci si concentra sulle esperienze negative, si otterranno scenari di vita più negativi. Il motivo è che la coscienza universale risponde alle nostre emozioni come guida a ciò che vorremmo sperimentare. Ci fornisce quindi più esperienze che sono in linea con l'energia e l'emozione con cui abbiamo fatto la nostra richiesta. Pertanto, le emozioni che sperimentate con più forza guideranno la vostra vita nella direzione dei pensieri che influenzano tali emozioni. Questo è uno dei motivi per cui è necessario mantenere la pace interiore dentro di sé osservando il principio kemetico di Ma'at. Quando vivete in Ma'at e fate le vostre richieste da quel livello di pace, accoglierete più esperienze che generano questo sentimento nella vostra vita.

Pertanto, concludiamo che il nostro impegno con il mondo circostante può essere influenzato dalla nostra intenzione unita alle nostre emozioni. È così che il principio si è mantenuto, confermandoci a distanza di migliaia di anni che "l'universo è mente".

IL PRINCIPIO DI CORRISPONDENZA

Il principio di corrispondenza è incarnato dalla frase "come sopra, così sotto" e può essere ulteriormente esteso a "come dentro, così fuori" (Atkinson, 1908).

Il sopra si riferisce alle cose che governano l'universo, mentre il sotto si riferisce alle esperienze individuali. Si tratta di riflessi l'uno dell'altro. Questo deriva dalla convinzione che l'universo sia un ologramma. Se avete mai visto un ologramma, avrete capito che ogni componente di un ologramma è una replica dell'ologramma complessivo. Nella sezione precedente abbiamo discusso di come gli atomi siano i mattoni di tutta la materia strutturale che forma l'universo. Tuttavia, se osserviamo il comportamento dei singoli atomi, scopriamo che la scissione di un singolo atomo crea un'energia potenzialmente in grado di distruggere una città o di fornire elettricità alla stessa città. Ciò deriva dal processo di espansione continua che ha luogo una volta che l'atomo è stato scisso. La continua espansione della singola cellula è simile a ciò che accade attualmente al nostro universo, che si espande continuamente. Pertanto, il minuscolo atomo, che è un elemento costitutivo dell'universo, ha lo stesso potenziale di espansione continua dell'universo stesso.

Quando ci allontaniamo dal comportamento di quell'atomo e guardiamo l'universo graficamente, troviamo un ologramma sorprendente. L'universo assomiglia alla cellula del cervello umano. Questa è un'incredibile rappresentazione della legge di corrispondenza. L'immagine del cervello dell'universo che controlla il cosmo si riflette nella cellula cerebrale umana che controlla i nostri mondi interiori.

Questo principio, tuttavia, va oltre l'aspetto del cervello e afferma che le circostanze individuali riflettono ciò che accade nell'universo.

Questa convinzione si riflette nella pratica dell'astrologia, che basa la sua esistenza su questo principio. L'astrologia propone che lo stato dell'universo al momento della nascita sia un riflesso della vita che si avrà. Altre pratiche che utilizzano questo concetto del macrocosmo che si riflette nel microcosmo sono quelle che praticano la divinazione attraverso la formulazione di una domanda nello stesso momento in cui si compie un'azione. Questo avviene con l'I Ching cinese, che utilizza monete numerate più o meno nello stesso modo in cui gli spiritisti africani tradizionali utilizzavano ossa, rocce e altri oggetti per predire il futuro. Essi basano le loro divinazioni sulla convinzione che il momento in cui si pone una domanda e si gettano le monete, le ossa, le rocce, ecc. si crea una coincidenza divina tra la domanda e la risposta (Beitman, 2017). La risposta si riflette negli oggetti che vengono lanciati e, interpretando la disposizione di questi oggetti, è possibile decifrare la risposta alla domanda. Questo perché il regno spirituale da cui proviene la domanda si rifletterà nel regno fisico, rappresentato dagli oggetti lanciati.

Deepak Chopra arriva ad affermare che tutte le coincidenze sono significative e che dobbiamo essere consapevoli della sincronicità tra gli eventi che si verificano insieme (Chopra, 2004).

Questo significa che se volete capire il mondo che vi circonda, dovete capire voi stessi come individui, perché siete un riflesso del vostro ambiente. Allo stesso modo, se volete cambiare il vostro ambiente, lavorate per cambiare voi stessi e poi osservate il vostro ambiente per vedere come riflette i cambiamenti che avete fatto. Questo avviene grazie alla sincronicità che esiste tra le due entità, molto diverse eppure collegate.

IL PRINCIPIO DELLA VIBRAZIONE

Niente riposa, tutto si muove, tutto vibra (Atkinson, 1908).

Le osservazioni della scienza moderna hanno concluso che non sono solo le particelle di gas a vibrare. La vibrazione è un fenomeno sperimentato da tutti gli oggetti fisici. La differenza tra oggetti che sembrano diversi pur avendo una composizione chimica simile, come i solidi, i liquidi e i gas, è dovuta alla velocità di vibrazione.

Se consideriamo la storia della creazione kemetica alla luce di questo principio, possiamo comprendere la saggezza del motivo per cui inizia con le acque di Nun. Queste acque erano un'indicazione di pura potenzialità in grado di passare facilmente da uno stato all'altro. L'acqua è facile da osservare mentre si muove tra vari stati. Ha una forma vibrazionale densa chiamata ghiaccio. Quando passa a una manifestazione vibrazionale superiore, diventa gas.

In questo modo, osservando i diversi stati dell'acqua, comprendiamo come la velocità di vibrazione possa influenzare lo stato di un oggetto. Eppure, cento anni fa, gli scienziati non erano consapevoli del fatto che tutto vibra. Pensavano che i solidi fossero solidi e che nulla potesse permearli. A quel tempo, il principio della vibrazione era una realtà solo per un piccolo gruppo di persone competenti che ci hanno tramandato questa informazione nel corso dei secoli.

La fisica quantistica ci ha permesso di capire che tutti gli oggetti sono costituiti da piccoli atomi che vibrano. Siamo arrivati a capire che una poltrona è un insieme di atomi densamente impacchettati che vibrano a un ritmo più lento rispetto a quello degli oggetti a vibrazione più elevata.

Questo può valere per tutto ciò che si vede. È tutta energia che è stata condensata in una forma fisica attraverso la velocità di vibrazione. Per interagire direttamente tra loro, gli oggetti devono vibrare alla stessa frequenza. La frequenza può rendere questi oggetti gas, liquidi o solidi. Anche i solidi possono scambiare atomi con rappresentazioni di altri stati, come si può vedere dal fenomeno di un paio di pantaloncini bianchi che si macchiano di erba verde. Immaginiamo un bambino che gioca all'aperto indossando un paio di pantaloncini bianchi puliti mentre calcia un pallone. Il bambino cade sull'erba, sbandando leggermente in avanti. Quando si rialza, sui pantaloncini bianchi c'è una macchia verde. In qualche modo c'è stato un trasferimento di atomi dall'erba ai pantaloncini, che ha portato alla macchia d'erba sui pantaloncini. Questo è un semplice esempio di trasferimento di atomi tra due oggetti solidi.

IL PRINCIPIO DI POLARITÀ

"Ogni cosa è duale; ogni cosa ha dei poli; ogni cosa ha la sua coppia di opposti; il simile e il dissimile sono uguali; gli opposti sono identici per natura, ma diversi per grado; gli estremi si incontrano; tutte le verità non sono che mezze verità; tutti i paradossi possono essere riconciliati" (Atkinson, 1908).

Questo principio considera tutto come estremi di misura tra elementi specifici. Ad esempio, l'amore e l'odio non sono altro che misure di un unico fattore piuttosto che di due fattori separati. Questo concetto può essere applicato a tutto. Comprendendo il principio di polarità, si può passare da un estremo all'altro identificando ciò che si sta misurando e muovendosi lungo il metodo di misurazione.

Ecco un modo semplice per capire l'applicazione di questo principio. Consideriamo le azioni da compiere per riscaldare una stanza. La necessità si presenta quando si deve cambiare la temperatura da fredda a calda. Non è il freddo a essere misurato o modificato. Ciò che viene regolato è la temperatura. Allo stesso modo, ogni cosa può essere regolata al suo opposto. Quello che bisogna fare è capire cos'è che deve essere regolato e come. Pertanto, quando si misura la gioia, o se ne ha in abbondanza o se ne ha in quantità negativa, che chiamiamo tristezza o depressione. Per vivere una vita in cui la gioia è in abbondanza, è necessario capire come regolare il barometro emotivo in modo che la lettura della gioia salga. Questo può essere applicato a tutto ciò che si sperimenta nella vita. Quando lo si prende in considerazione, diventa un altro strumento da utilizzare per cambiare la propria vita.

Da un altro punto di vista, questo significa anche che se vi trovate in una situazione che non vi soddisfa, sappiate che esiste il suo opposto. Dovete trovare il metodo di misurazione e poi mettervi all'opera per apportare i cambiamenti necessari che porteranno al polo opposto della situazione. Uno dei metodi utilizzati per portare gli stati opposti è l'uso delle affermazioni. L'uso di affermazioni positive può spostare nel tempo la vostra mentalità e il vostro ambiente da negativo a positivo. L'uso delle affermazioni viene fatto per sostituire l'evidenza dell'ambiente fisico. Usando frasi che descrivono l'opposto della situazione che state affrontando, riconoscete il fatto che la situazione di cui state parlando esiste. Riconoscete che ogni stato ha un opposto polare e richiamate l'altro stato nella vostra esistenza attraverso il principio di corrispondenza. Parlate dello stato desiderato come se esistesse e, "come sopra" nella vostra dichiarazione affermativa, inizierà a riflettersi "come sotto" nella vostra realtà vissuta.

IL PRINCIPIO DEL RITMO

Tutto scorre, fuori e dentro; tutto ha le sue maree; tutte le cose salgono e scendono; l'oscillazione del pendolo si manifesta in ogni cosa; la misura dell'oscillazione a destra è la misura dell'oscillazione a sinistra; il ritmo compensa (Atkinson, 1908).

Ciò indica che le cose, come gli eventi e le circostanze, tendono a fluire in una certa direzione. Tuttavia, dopo un po' di tempo, cambiano direzione e tornano a scorrere nella direzione opposta. Perciò, se le circostanze non sono allineate con la direzione da voi scelta, potete esercitare la vostra pazienza mentre vi preparate a un cambiamento di circostanze. Le circostanze cambieranno, ma dovrete essere preparati a quando accadrà, in modo da poterne approfittare.

Un esempio semplice è quello di un contadino che vorrebbe piantare delle zucche. Se lo fa in pieno inverno, è improbabile che questi semi crescano, per non parlare del raccolto. Tuttavia, ci sono cose che può fare per prepararsi all'estate, quando il clima sarà favorevole a un raccolto abbondante di zucche. Può trovare i semi giusti, preparare il terreno e assicurarsi che l'approvvigionamento idrico sia pronto. Potrebbe anche iniziare a piantare le piantine in casa, in modo da avere un vantaggio sugli altri agricoltori della zona, consentendogli di raccogliere e vendere le zucche all'inizio della stagione, prima che il mercato delle zucche si saturi. Questo porterà a un grande successo per l'agricoltore.

Il successo dell'agricoltore non sarà però casuale. Sarà il risultato di un'attenta osservazione. Per questo è necessario seguire le stagioni e conoscere le condizioni ottimali per la coltivazione delle zucche. Anche in pieno inverno, quando le condizioni di crescita sono le peggiori, l'agricoltore avrà mantenuto la convinzione che le stagioni cambieranno. Crede che il tempo cambierà e che un giorno sarà piena estate. La sua conoscenza del cambiamento delle stagioni e dei cicli agricoli lo rende consapevole del fatto che la piena estate è un periodo in cui sarà troppo tardi per piantare le zucche. Pertanto, l'agricoltore si prepara e aspetta la stagione invernale fino a quando il tempo sarà ottimale per le sue esigenze.

Anche i surfisti comprendono questo concetto. Sono disposti a nuotare al largo e ad aspettare l'onda definitiva da surfare fino a riva. Non surfano ogni singola onda, perché alcune sono troppo piccole per avere un impatto. Tuttavia, trovandosi nella posizione giusta e aspettando, vivono nella convinzione che l'onda giusta arriverà. Quando l'onda giusta arriva, il surfista si sposta per mettersi in una posizione che gli consenta di sfruttare l'onda e di cavalcarla fino a riva.

Ciò che impariamo da questo è che anche noi dovremmo essere come i surfisti o i coltivatori di zucche. Dobbiamo posizionarci in modo da poter approfittare dei cambiamenti di circostanze quando si verificano. Ciò significa che dobbiamo essere preparati, attenti e in grado di agire immediatamente quando si presenta l'occasione. In caso contrario, se siamo surfisti, potremmo perdere la grande onda e finire per cavalcare un'onda minore per arrivare a riva. Se siamo agricoltori, potrebbe significare raccogliere le zucche solo una volta nella stagione invece che due.

Un altro modo di vedere la cosa è che potete scegliere di seguire il percorso di minor resistenza, osservando e sfruttando il tempo e l'energia che avete a disposizione.

IL PRINCIPIO DI CAUSALITÀ

Ogni causa ha il suo effetto; ogni effetto ha la sua causa; tutto accade secondo la legge; il caso non è che un nome per la legge non riconosciuta; ci sono molti piani di causalità, ma nulla sfugge alla legge (Atkinson, 1908).

Ogni azione che compiamo ha una conseguenza; pertanto, dobbiamo compiere le azioni giuste se vogliamo ottenere i risultati che desideriamo. Allo stesso modo, dobbiamo essere consapevoli delle potenziali conseguenze non intenzionali e cercare di evitare di intraprendere azioni che possano portarle.

Da un punto di vista scientifico, ciò è stato sancito dalla terza legge fisica di Newton, secondo la quale a ogni azione corrisponde una reazione uguale e contraria. Lo possiamo osservare in fisica quando vediamo una pallina da tennis che rimbalza contro un muro. Il muro non cede e non permette alla pallina di attraversarlo. Al contrario, la palla rimbalza sul muro con una velocità e un impatto uguali o simili a quelli con cui si è avvicinata al muro. Se consideriamo che tutta la materia è costituita da energia vibrante, siamo invitati a considerare la coscienza universale in questa equazione.

L'integrazione della coscienza significa che l'impatto delle forze opposte può essere applicato non solo alle nostre azioni, ma anche ai nostri pensieri e alle nostre emozioni. Per questo motivo, se odiate il calcio con una certa violenza, al punto da rifiutarlo con veemenza, è probabile che incontrerete il calcio più spesso nella vostra vita che se non aveste alcuna emozione nei suoi confronti. Questo perché le vostre emozioni sono come lanciare un pallone da calcio contro il muro dell'universo, e l'universo vi restituirà ciò che gli state lanciando. Pertanto, riceverete più palloni.

Allo stesso modo, se sorridete agli sconosciuti per strada, è più probabile che gli sconosciuti vi sorridano a loro volta. State ricevendo ciò che state dando. La vostra azione, che è la causa, riceve il suo effetto, che è il risultato dell'azione. Ciò che si riceve in cambio equivale a ciò che si dà.

Questo principio è stato sancito in diverse religioni come la legge del seminare e raccogliere, che afferma che raccoglierete ciò che avete seminato, o la legge del karma, che afferma che le vostre azioni vi saranno restituite. Alcuni testi affermano che si raccoglierà in multipli, così come un contadino che semina un seme di mais raccoglierà diverse pannocchie con qualche centinaio di semi. Pertanto, questi testi affermano che l'impatto delle vostre azioni si moltiplica quando vi viene restituito.

Questo è un principio universale che non dobbiamo ignorare se vogliamo avere risultati piacevoli nella nostra vita. Dobbiamo essere consapevoli del potenziale di semina di semi cattivi. Pertanto, se ci troviamo a intraprendere pratiche che non vogliamo abbiano un impatto negativo in futuro, dobbiamo fare del nostro meglio per affrontarle e correggerle, in modo da neutralizzare il potenziale impatto del futuro karma negativo.

A volte siamo sorpresi di raccogliere un buon seme in modi inaspettati. In questi casi, dovremmo essere felici di aver seminato in passato un buon seme che finalmente si sta realizzando ed è pronto per il raccolto.

IL PRINCIPIO DI GENERE

Il genere è in ogni cosa; ogni cosa ha i suoi principi maschili e femminili; il genere si manifesta su tutti i piani (Atkinson, 1908).

La creatività nasce dall'interazione tra gli aspetti maschili e femminili. Si tratta di dare un seme e di riceverlo in circostanze che gli permettano di essere nutrito per un periodo di gestazione fruttuoso. Il seme che piantate può essere il tempo, il denaro o il vostro sforzo fisico. Quel seme ha bisogno di essere piantato in un terreno fertile e di essere annaffiato perché possa dare i suoi frutti.

Immaginate di essere un artista e di avere un'idea (un seme) che poi mettete su una tela. Pitturando la tela con l'aggiunta di vari strati e colori dalla vostra tavolozza, alla fine vedrete dei risultati. Questi risultati si presenteranno sotto forma di un bel quadro apprezzato dagli altri.

Ogni persona ha in sé tratti maschili e femminili, sia che sia biologicamente maschio o femmina. È l'attività che viene svolta dall'individuo a determinare se i tratti mostrati sono maschili o femminili. Tratti come la creatività e la ricettività tendono a essere tratti femminili, mentre la logica e la leadership sono tratti maschili. Questi tratti funzionano meglio quando operano insieme. I tratti si sostengono a vicenda. La creatività ha bisogno di una guida e la leadership richiede qualcosa per essere guidata.

La capacità di mostrare questi tratti è evidente non solo nelle persone, ma anche negli eventi e negli oggetti. Per esempio, gli eventi che portano a nuove direzioni mostrano un'energia maschile, mentre gli eventi che nutrono e fanno crescere le società sono di natura femminile.

Questo deve essere riconosciuto in tutti gli aspetti e in tutti i piani dell'esistenza. Una volta compreso il genere di un evento, di un'organizzazione o di un oggetto, questo può guidare il modo in cui interagire con esso. Poiché il genere è la base della creatività e della rigenerazione, è utile applicare la conoscenza dei generi durante il processo di creazione. Ciò significa che, a seconda del genere che vi trovate di fronte, potete scegliere di dirigere o alimentare l'evento. In questo modo, la creazione potrà avvenire.

Anche le nostre facoltà mentali, in quanto esseri umani, hanno tratti sia maschili che femminili. Ciò è dimostrato dall'esistenza di una mente conscia e di una mente subconscia. Mentre la mente cosciente assorbe nuove informazioni, la mente subconscia utilizza le informazioni esistenti per svolgere le attività quotidiane e prendere decisioni inconsce. Per creare nuovi risultati, è necessario coinvolgere sia la mente conscia che quella subconscia. Il ruolo della mente subconscia è quello di occuparsi delle attività quotidiane, come la respirazione e la digestione del cibo. Queste cose si fanno senza pensare. La mente subconscia permette anche di realizzare grandi cambiamenti senza che ve ne rendiate conto a livello cosciente. Il modo in cui la mente subconscia agisce è quello di garantire la coerenza delle decisioni che prendete quotidianamente in accordo con i vostri sistemi di credenze prevalenti. Secondo The Power of The Subconscious Mind di Joseph Murphy, potete scegliere di influenzare la vostra mente subconscia alimentandola attivamente con nuove informazioni e convinzioni. Se lo fate con costanza per un certo periodo di tempo, userete effettivamente i tratti maschili del vostro cervello per influenzare quelli femminili. In questo modo creerete un nuovo paradigma e una nuova realtà per voi stessi.

Dal punto di vista degli affari, se siete un artista, lavorerete meglio con le energie maschili che possono indirizzarvi verso le direzioni che possono portare alla crescita delle vostre opere d'arte attraverso l'aumento delle vendite, mentre voi vi concentrate sulla vostra creatività. In questo caso, la creatività è un'energia femminile e richiede un'energia maschile per crescere. Se siete un uomo d'affari con una grande strategia e una visione per il futuro, potreste scoprire di non essere in grado di portare avanti questa strategia senza includere nella vostra azienda persone con energie e prospettive creative. Queste persone prenderanno la vostra strategia aziendale e useranno la loro creatività per darle vita, facendo crescere l'idea da un seme al suo pieno potenziale.

Pertanto, affinché il successo si verifichi, è necessario ottimizzare le energie maschili e femminili attraverso un contributo equilibrato da entrambe le parti.

Attraverso la visione dei principi ermetici, abbiamo visto come la scienza praticata nell'antica Kemet non sia andata perduta per l'umanità. È stata preservata attraverso i secoli e rafforzata dalle scoperte scientifiche dell'ultimo secolo. Di conseguenza, l'umanità si sta rendendo conto che possiamo avere un impatto maggiore sui nostri destini individuali rispetto a quello che credevamo fosse possibile. Tutto ciò che dobbiamo fare è attingere alla coscienza universale con l'aiuto delle sette leggi ermetiche.

Per aiutarvi ulteriormente ad accedere a questa coscienza, sarebbe utile dedicare quotidianamente del tempo a riflettere sui principi ermetici e sul loro significato. Una volta memorizzati tutti, iniziate a pensare ai modi in cui questi principi possono essere applicati nella vostra vita. Prendete nota delle vostre circostanze attuali rispetto a quelle che vorreste realizzare. Identificate i metodi che potete utilizzare per ottenere le conseguenze che desiderate. Scrivete questi metodi e intraprendete quotidianamente delle semplici azioni che vi aiutino a metterli in pratica. Nel corso del tempo, confrontate la vostra vita con quella attuale e stabilite quali cambiamenti sono avvenuti grazie all'applicazione delle leggi come mezzo per raggiungere i vostri desideri.

TEFNUT

4
L'ASTROLOGIA KEMETICA E UNA COMPRENSIONE PIÙ PROFONDA DEI TIPI DI PERSONALITÀ CHE ABITANO QUESTO MONDO

L'astrologia kemetica prevede 12 segni zodiacali. A differenza dell'astrologia occidentale, questi non sono distribuiti consecutivamente su 12 parti dell'anno. Al contrario, essi dividono l'anno in 36 parti uguali, dette decani, e questi dividono i 360 giorni dell'anno egiziano. L'anno aveva 120 giorni in ciascuna delle sue tre stagioni. Ogni stagione conteneva quattro mesi di 30 giorni ciascuno. Ogni anno veniva aggiunto un mese supplementare di cinque giorni per tenere conto dei giorni aggiuntivi della rivoluzione terrestre intorno al sole. Questi giorni venivano utilizzati come giorni di festa e portavano a 365 i giorni effettivi segnati dagli antichi Egizi. Il calendario raffigurato in questo modo circolare è stato visto per la prima volta sul soffitto di un tempio egizio di Hathor in quello che è diventato noto come "Zodiaco di Dendera".

Questo calendario di Dendera utilizzava l'astrologia sulla base della Legge di Corrispondenza ermetica: "Come in alto così in basso". In questo modo, esponeva la credenza kemetica secondo cui gli eventi sulla terra si riflettono nei movimenti dei corpi celesti. L'applicazione moderna di questo principio è rappresentata dai segni astrologici, che siamo abituati a vedere su giornali e riviste. In questo modo, la pratica kemetica è sopravvissuta nel tempo grazie alla sua adozione da parte dei Greci, che l'hanno poi adattata a un mercato eurocentrico. La familiarità di identificare la propria data di nascita in base a un segno zodiacale è diventata un metodo popolare e accettato per aiutare a definire gli archetipi della personalità. Questo metodo di definizione della personalità utilizza metodi simili a quelli utilizzati nell'antico Egitto.

Gli antichi Egizi utilizzavano anche le osservazioni astrologiche per prevedere correttamente i grandi eventi, come l'inondazione annuale del Nilo. Si trattava di un evento importante per loro, poiché precedeva la stagione agricola e definiva i processi da seguire per il resto dell'anno. Pertanto, sapere che la stagione delle piene si stava avvicinando dava loro il tempo necessario per prepararsi alla semina. Avendo utilizzato con successo il metodo astrologico in agricoltura, era quindi logico e scientifico utilizzare osservazioni simili per prevedere gli eventi nella vita degli individui.

Il calendario astrologico kemetico può essere utilizzato ancora oggi. Identificando la correlazione tra gli dei e le dee e le loro rappresentazioni all'interno delle costellazioni nei vari periodi dell'anno, possiamo prevedere e interpretare gli eventi. Secondo Cyril Fagan, che nel 1798 era membro della Royal Astronomical Organization inglese, l'astrologia kemetica è stata il precursore dell'astrologia moderna (Afrikaiswoke, 2021). L'astrologia moderna segue ancora l'assegnazione dei segni zodiacali agli individui alla nascita. Questo viene fatto in base alla costellazione che era prominente al momento della nascita. Dal punto di vista kemetico, sono importanti i tipi di personalità degli dei e delle dee indicati al momento della nascita. Questi rivelano i tipi di personalità e le aspettative che possiamo avere nei confronti dell'individuo o dell'evento che nasce in quel momento.

In ordine alfabetico, i segni zodiacali kemetici sono Amun Ra, Anubi, Bastet, Geb, Horus, Iside, Mut, Osiride, Sekhmet, Seth, Nilo-o Satis e Thoth.

TROVARE IL PROPRIO SEGNO

Per individuare il segno zodiacale in vigore al momento della vostra nascita, utilizzate la tabella seguente. La prima colonna indica un intervallo di giorni. Da questa colonna è necessario individuare i giorni in cui cade il proprio compleanno. Sulla stessa riga, la tabella indica i vostri segni zodiacali in base all'intervallo di giorni in cui siete nati. La terza e ultima colonna indica quali segni sono compatibili con il vostro segno. Pertanto, leggendo lungo la riga si avrà un'indicazione sia del proprio segno sia dei segni zodiacali con cui è compatibile.

ASCENDING VIBRATIONS

Data di nascita	Segno	Compatibilità
Gennaio 1-7	Il Nilo o Satis	Amun-Ra, Set
Gennaio 8-21	Amun Ra	Il Nilo/Satis, Horus
Gennaio 22-31	Mut	Amun-Ra, Thoth
Febbraio 1-11	Amun Ra	Il Nilo/Satis, Horus
Febbraio 12-29	Geb	Seth, Horus
Marzo 1-10	Osiris	Isis, Thoth
Marzo 11-31	Isis	Thoth, Osiris
Aprile 1-19	Thoth	Bastet, Isis
Aprile 20 - Maggio 7	Horus	Bastet, Geb
Maggio 8 - 27	Anubis	Bastet, Isis
Maggio 28 - Giugno 18	Seth	Geb, Il Nilo/Satis
Giugno 19 - 28	Il Nilo o Satis	Amun-Ra, Seth
Giugno 29 - Luglio 13	Anubis	Bastet, Isis
Luglio 14 - 28	Bastet	Sekhmet, Horus
Luglio 29 - Agosto 11	Sekhmet	Bastet, Geb
Agosto 12 - 19	Horus	Bastet, Geb
Agosto 20 - 31	Geb	Seth, Horus
Settembre 1 - 7	Il Nilo o Satis	Amun-Ra, Seth
Settembre 8 - 22	Mut	Amun-Ra, Thoth
Settembre 23 - 27	Bastet	Sekhmet, Horus
Settembre 28 - Ottobre 2	Seth	Geb, Il Nilo/Satis
Ottobre 3 -17	Bastet	Sekhmet, Horus
Ottobre 18 - 29	Isis	Thoth, Osiris
Ottobre 30 - Novembre 7	Sekhmet	Bastet, Geb
Novembre 8 - 17	Thoth	Bastet, Isis
Novembre 18 - 26	Il Nilo o Satis	Amun-Ra, Seth
Novembre 27 - Dicembre 18	Osiris	Isis, Thoth
Dicembre 19 - 31	Isis	Thoth, Osiris

Figura uno

TIPI DI PERSONALITÀ ASTROLOGICA

Il tipo di personalità associato a ciascun segno è un riflesso dell'elemento, del dio o della dea che il segno rappresenta. In questa sede esamineremo ciascun segno identificando i corpi celesti che lo influenzano e i tratti della personalità che ciascun segno manifesta. L'identificazione dei corpi celesti è importante perché i tratti della personalità individuale si accentuano quando questi corpi celesti si trovano in quella particolare costellazione del cielo. Così come l'astrologia occidentale può prendere atto degli effetti delle configurazioni planetarie, come ad esempio il fatto che Marte in Ariete possa influenzare la vita dei nati nel segno dell'Ariete, anche l'astrologia kemetica può avere questa consapevolezza.

Per trarre vantaggio dalla conoscenza disponibile in questi tempi moderni, è necessario innanzitutto capire come i segni zodiacali moderni corrispondano ai segni zodiacali kemetici. Quando si consultano le pagine e i siti web di astrologia, si possono cercare informazioni che indicano in quale segno zodiacale si trova attualmente un determinato pianeta o corpo celeste. Capendo in quale segno zodiacale siete nati, insieme ai pianeti che influenzano questi segni zodiacali, potete reagire alle situazioni in modo diverso. Potete pianificare gli eventi importanti nei momenti in cui i pianeti favorevoli al vostro segno zodiacale sono attivi nel cielo notturno. Potrete anche acquisire una maggiore consapevolezza della vostra personalità e del modo in cui interagire con gli altri.

Se prendete l'abitudine di leggere le informazioni relative alla costellazione in cui si trovano determinati pianeti in un determinato momento, scoprirete che i segni zodiacali occidentali attualmente denominati non corrispondono sempre a tutti i momenti in cui le loro costellazioni sono dominanti nel cielo. Il modo in cui l'astrologia kemetica ripete i segni zodiacali a intervalli diversi durante l'anno è un indicatore migliore delle attività che si svolgono nel cielo notturno rispetto a un raggruppamento astrologico semplificato che copre vagamente un mese alla volta. La sezione seguente illustra la corrispondenza tra i segni zodiacali occidentali e quelli kemetici. Seguirà una sezione che esaminerà i pianeti benevoli di ciascun segno zodiacale e il loro impatto sui tipi di personalità delle persone o degli eventi nati sotto quei segni zodiacali. Si noti che le corrispondenze riportate di seguito non sono legate alla data di nascita e al relativo segno, ma devono essere utilizzate per interpretare affermazioni come "Venere è in Sagittario" nella propria vita. Se Sagittario è Hapi, allora se siete nati sotto il segno kemetico di Hapi, questo avrà un impatto su di voi. Tuttavia, essere del segno zodiacale del Sagittario non significa essere nati sotto il segno di Hapi. Per sapere in quale segno zodiacale kemetico rientrate, è consigliabile utilizzare la tabella della sezione precedente. Gli intervalli di date per ogni segno si riferiscono ad alcune settimane in diversi periodi dell'anno; pertanto, per trarre il massimo beneficio dalle informazioni fornite, è necessario mappare la propria data di nascita con il proprio segno zodiacale specifico.

CORRISPONDENZA TRA I NOMI DELLE COSTELLAZIONI

- Se l'Acquario è la costellazione dominante, il segno zodiacale kemetico effettivo è Sekhmet.
- Se la costellazione dominante è l'Ariete, il segno zodiacale kemetico effettivo è Osiride o Ausar.
- Se la costellazione dominante è il Cancro, il segno zodiacale kemetico effettivo è Bastet.
- Se la costellazione dominante è il Capricorno, il segno zodiacale kemetico effettivo è Horus.

- Se la costellazione dominante è quella dei Gemelli, il segno zodiacale kemetico effettivo è Seth o Set.
- Se la costellazione dominante è il Leone, il segno zodiacale kemetico effettivo è Anubi.
- Se la costellazione dominante è la Bilancia, il segno zodiacale kemetico effettivo è Geb.
- Se la costellazione dominante è quella dei Pesci, il segno zodiacale kemetico effettivo è Iside o Auset.
- Se la costellazione dominante è il Sagittario, il segno zodiacale kemetico effettivo è Hapi.
- Se la costellazione dominante è lo Scorpione, il segno zodiacale kemetico effettivo è Mut.
- Se la costellazione dominante è il Toro, il segno zodiacale kemetico effettivo è Amun Ra.
- Se la costellazione dominante è la Vergine, il segno zodiacale kemetico effettivo è Thoth o Djehuty.

I PIANETI BENEVOLI E I LORO TIPI DI PERSONALITÀ

Ecco i tipi di personalità di ciascun segno zodiacale:

- Amun Ra è influenzato dal Sole e da Saturno. I nati sotto questo segno sono grandi leader che prendono decisioni sagge. Hanno un approccio ottimistico alla vita e sono fiduciosi e gentili.
- Anubi è influenzato da Mercurio. Essendo Anubi il guardiano del mondo sotterraneo, non sorprende che i nati sotto questo segno abbiano una personalità introversa. Hanno un lato creativo nella loro

personalità, che tendono a esprimere in modo sicuro ed esplorativo.
- Bastet è influenzato dal Sole e dalla Luna. Affascinanti e affettuose, le persone Bastet tendono a evitare i conflitti a causa della loro personalità sensibile. Per questo si affidano all'intuito. Sono profondamente fedeli e devoti ai loro partner.
- Geb è il dio della terra; pertanto, i nati sotto questo segno sono influenzati dalla terra. I nati sotto questo segno sono amici fedeli e affidabili. Possono essere percepiti come troppo emotivi e sensibili; tuttavia, la loro natura aperta li rende attraenti per gli altri. Possono sembrare timidi a chi non è vicino a loro.
- Horus è influenzato dalla Luna e dal Sole. I nati sotto questo segno sono leader ispirati che lavorano sodo e sono motivati. Il loro coraggio e il loro ottimismo sono contagiosi e i loro esempi ambiziosi sono facili da seguire.
- Iside (Aset) è la dea della natura. Il suo segno è influenzato dalla Luna, dalla Terra e da Urano. Queste persone lavorano bene all'interno di un team grazie alla loro natura schietta e socievole. Sono oneste, dotate di senso dell'umorismo e di un'attitudine romantica.
- Il segno Mut è influenzato dal Sole. I nati sotto questo segno sono ottimi genitori grazie alla loro natura protettiva e affettuosa. Sono ottimi leader in quanto orientati agli obiettivi e concentrati, ma anche generosi e leali.

- Osiride (Asar) è influenzato da Plutone e dal Sole. I nati sotto questo segno sono molto determinati. A volte possono essere percepiti come aggressivi ed egoisti. Tuttavia, il loro approccio persistente e indipendente alla vita li rende buoni leader, spesso apprezzati per la loro intelligenza e vulnerabilità.
- Sekhmet è influenzato dal Sole. Le persone nate sotto questo segno sono considerate avere una doppia personalità, perché la loro natura oscilla tra lo spirito libero e l'estrema disciplina. Queste persone hanno un profondo senso della giustizia e, se chiamate a infonderla, lo faranno con precisione.
- Seth (Set) è influenzato da Marte. Le persone Set sono perfezioniste e amano essere al centro dell'attenzione. La loro personalità audace li spinge verso situazioni impegnative che permettono loro di brillare ulteriormente.
- Il Nilo (Satis) è influenzato dalla Luna e da Urano. I nati sotto questo segno zodiacale sono considerati intuitivi grazie alla loro grande capacità di osservazione. È un segno pacifico che evita le discussioni. I nati sotto il segno del Nilo mostrano una grande saggezza basata sulla loro capacità di esercitare la logica.
- Thoth è influenzato dalla Luna e da Mercurio. Come il dio che ispira il segno zodiacale, i nati sotto questo segno sono saggi e amano imparare. Alla costante ricerca del miglioramento, queste persone tendono a essere coraggiose, energiche e inventive. Thoth è considerato un segno molto romantico. Conoscere il

vostro segno zodiacale e i segni con cui è compatibile vi renderà più facile prendere decisioni su come comportarvi con le diverse persone. Vi aiuterà a capirle meglio e a sapere quali tratti della personalità sfruttare nelle collaborazioni di lavoro e personali.

Potete usare queste informazioni per decidere le date migliori per svolgere determinate attività. È consigliabile scegliere il più possibile giorni compatibili con i vostri segni zodiacali. Se non riuscite a scegliere la data di un evento, potete comunque trarne il massimo beneficio. Esaminando la data e il segno zodiacale associato all'evento, si può capire il tipo di personalità dell'evento e come affrontarlo al meglio.

ASAR

5

LA DIETA KEMETICA E IL MODO IN CUI PUÒ AUMENTARE LA VOSTRA CONNESSIONE SPIRITUALE

"*Sei ciò che mangi*". La verità di questo adagio si può scoprire osservando le persone che ci circondano. In loro non vedremo solo l'evidenza fisica degli alimenti che mangiano, ma anche l'impatto emotivo e psicologico che questi alimenti hanno.

Un altro adagio popolare, "Lascia che il tuo cibo sia la tua medicina", riflette la vita che dovremmo sforzarci di vivere. È anche indicativo della vita che la maggior parte degli iniziati conduceva nell'antica Kemet, mentre svolgevano la loro vita quotidiana, allineandosi alle leggi di Ma'at e traendo il loro sostentamento dall'ambiente.

Erano avvantaggiati rispetto a noi oggi, in quanto il loro ambiente rendeva più facile avere una dieta sana ed equilibrata che li sosteneva e li nutriva. Il cibo che mangiavano non era trattato e si presentava nella sua forma più naturale. Questo assicurava che ricevessero la massima quantità di energia divina dal cibo.

L'energia arriva sulla terra dal sole-Ra. Le piante assorbono l'energia solare attraverso il processo di fotosintesi e la trasformano in cibo. Quando gli animali mangiano le piante, assorbono l'energia solare dalle piante stesse. Mangiando animali, gli esseri umani hanno cercato di ricavare energia da una fonte che si trova a tre passaggi di distanza da chi dà energia alla terra. La digestione di questo cibo ci obbliga a utilizzare più energia per accedere alle limitate risorse fornite da queste fonti animali. Nel corso degli eventi, abbiamo anche sviluppato malattie legate alla lavorazione di questi alimenti. La causa di queste malattie è che il nostro corpo non è stato inizialmente progettato per elaborare questi alimenti. Alcuni alimenti sono tossici per noi, mentre altri rimangono nel nostro tratto digestivo per così tanto tempo che diventano rancidi e iniziano a marcire all'interno del nostro corpo mentre il nostro intestino cerca di spingerne fuori i resti. La mancanza di fibre digestive negli alimenti raffinati che consumiamo rende difficile per il nostro corpo svolgere questo compito. Con il tempo, i residui nel nostro tratto digestivo si accumulano, causando malattie. Grazie al collegamento tra il cervello e l'intestino crasso costituito dal nervo vago, le malattie dell'intestino hanno un impatto diretto sulle emozioni, sulla salute mentale e sulla vitalità. I microbi prodotti nell'intestino hanno un impatto diretto sul sistema immunitario attraverso l'infiammazione.

La dieta urbana moderna (o occidentale standard) e le sue insidie

La nostra dieta moderna si è allontanata sempre più dalla natura. Quando si tratta di bere, molti di noi tendono a consumare grandi quantità di bevande alcoliche. Consumiamo anche bevande ad alto contenuto di caffeina, oltre a bevande gassate dolcificate con edulcoranti artificiali e raffinati. L'assunzione di acqua pura è spesso inesistente. Tutto questo porta a una composizione corporea e gastrointestinale molto acida, vulnerabile alle malattie. Alcuni degli effetti di un eccesso di acido nell'apparato digerente sono mal di testa, depressione, acne, capelli e unghie fragili, calcoli renali e riduzione della massa muscolare. Naturalmente, ci sono persone che dimostrano un'incredibile forza di volontà e consapevolezza nei confronti del proprio consumo alimentare. Tuttavia, dobbiamo rimanere consapevoli e vigili su qualsiasi prodotto potenzialmente dannoso che possiamo incontrare.

Ogni giorno molti di noi tendono a consumare cibi fast food. Questi sono spesso ricchi di carboidrati raffinati e di carne. Le fonti di carne sono spesso alimentate a forza con fonti come la soia per ingrassare. Per favorire ulteriormente questo processo, gli animali vengono nutriti o iniettati con ormoni della crescita. Ciò avviene in ambienti sovrappopolati, con conseguente diffusione di malattie tra gli animali. Di conseguenza, vengono somministrati loro antibiotici che finiscono nel corpo umano quando la carne viene consumata. Gli antibiotici presenti nel nostro sangue a causa di questi animali provocano nel tempo una resistenza agli antibiotici. Il risultato è che quando alcune persone si ammalano, non sono facilmente curabili con i normali antibiotici, rendendole più suscettibili alle malattie e richiedendo livelli tossici di sostanze chimiche e anticorpi per combattere la malattia. La presenza di antibiotici nel tratto digerente serve inoltre a eliminare tutti i microbi benefici che vivono nel tratto digerente allo scopo di aiutare il processo di digestione e bilanciare la flora intestinale. Ciò rende le persone vulnerabili alla crescita eccessiva di batteri intestinali nocivi e alla prevalenza di malattie fungine causate da organismi come la Candida.

I cibi fast food non vengono spesso serviti con verdure o insalate. La mancanza di verde, unita alla natura raffinata dei carboidrati contenuti negli alimenti, rende difficile il passaggio del cibo attraverso l'apparato digerente. Gli alimenti sono spesso a basso contenuto nutrizionale e richiedono un maggiore impegno da parte dell'organismo per assorbire il valore nutrizionale dal cibo. Nel tempo, una dieta di questo tipo porta a malattie che hanno origine nel tratto gastrointestinale e si diffondono ad altre parti del corpo attraverso il nervo vago.

La presenza di cibo non digerito e in fermentazione nell'organismo provoca una sensazione di fiacchezza e depressione, con un conseguente aumento dei problemi di salute mentale tra coloro che seguono questo tipo di dieta.

IL CIBO NELL'ANTICA KEMET

Che cosa si mangiava nell'antico Egitto? Tutti i cibi che mangiavano facevano parte di quella che oggi chiamiamo dieta kemetica? In caso contrario, cosa era incluso nella dieta kemetica? E quali sono gli alimenti che abbiamo consumato e che dovremmo cercare di ridurre al minimo o eliminare dalla nostra dieta per raggiungere una salute ottimale e l'allineamento con il divino che è in noi?

Iniziati spirituali

Nell'Antico Egitto c'erano cittadini che svolgevano ruoli diversi nella società. I sacerdoti e le sacerdotesse dei templi si sforzavano continuamente di vivere nella forma più pura di allineamento a Ma'at e allo scopo divino. Erano sul sentiero spirituale. Per questo motivo, la dieta che consumavano era puramente vegana, con una dieta a base di cibi crudi che costituiva gran parte del loro piano alimentare. Rifuggivano dai cereali come il grano e il mais. Per loro, anche i legumi come le lenticchie e i fagioli erano considerati amidi; pertanto, gli iniziati del tempio non li consumavano. Cercavano invece di mangiare cibi il più possibile verdi, che permettessero loro di assorbire tutta l'intensità dell'energia solare intrappolata attraverso la fotosintesi. In effetti, la loro intenzione nella scelta del cibo era quella di essere verdi come Asar. Asar era un dio di colore verde che era l'incarnazione di Ra. Credevano che mangiando cibi verdi avrebbero potuto praticare la teurgia emulando Asar. Questo piano alimentare permetteva loro di vivere in uno stato di elevata consapevolezza vibrazionale, non appesantito dall'impatto della digestione dei prodotti animali.

Se state leggendo questo libro perché state percorrendo un cammino spirituale, anche voi potete trarre beneficio dal seguire la dieta dei sacerdoti e delle sacerdotesse dei templi. Questo vi permetterà di vivere in equilibrio con la natura. Tuttavia, non è consigliabile passare immediatamente da una dieta urbana moderna alla dieta kemetica seguita dagli iniziati. Per evitare che l'organismo manifesti sintomi di astinenza e disagio, è meglio apportare modifiche graduali alla dieta fino al raggiungimento dell'obiettivo. Vi spiegheremo come procedere dopo aver esaminato il cibo che veniva consumato dalla popolazione dell'antico Egitto. È inoltre necessario assumersi sempre la responsabilità della propria alimentazione e del proprio benessere.

. . .

La popolazione *generale*

I cittadini regolari di Kemet seguivano principalmente una dieta pescatista o flexitariana. La carne rossa e il pollame erano inclusi nella dieta in piccole quantità, così come l'alcol. La dieta base di Kemet era il pane. Si trattava di un supplemento alla dieta prevalentemente vegetariana a base di legumi, verdure e frutta. Queste ultime venivano consumate crude e l'usanza di mangiare le verdure crude è rimasta fino ad oggi.

La carne veniva consumata, anche se non nelle grandi quantità giornaliere che la nostra dieta moderna prevede. La carne di manzo veniva preparata mediante stufatura o essiccazione dopo averla salata a scopo di conservazione. Pecore, capre e, molto raramente, carne di maiale venivano consumate meno spesso della carne di manzo. Analizzando i resti trovati nelle mummie, si scopre che anche la fauna selvatica, sotto forma di gazzella, iena e topi, faceva parte della loro dieta.

Il pollame, come quaglie, oche, anatre, pernici, gru, piccioni, colombe, fenicotteri, pellicani e polli, veniva preparato arrostendolo o conservandolo con l'uso di sale e disidratazione.

Il pesce era l'aspetto non vegetariano più regolare della dieta. Veniva consumato dopo averlo arrostito. In alternativa, veniva consumato nella sua forma conservata, salata ed essiccata.

Si consumavano prodotti animali, come uova, latte e formaggio di mucca e di capra. Come dolcificante alimentare si usava il miele, invece dei dolcificanti artificiali e raffinati che usiamo oggi.

L'alcol veniva consumato sotto forma di birra e vino.

Le verdure consumate avevano un alto contenuto di legumi,

con lenticchie e altri legumi che costituivano una parte importante della loro dieta.

Uno sguardo al luogo di sepoltura del re Tutankhamon rivela l'ampia gamma di cibi vegetariani che egli portò con sé nell'aldilà e, quindi, il cibo che consumò durante la sua vita. Questi alimenti includevano mandorle, fichi, melograni, datteri, aglio, fieno greco, semi di coriandolo, ceci, anguria, lenticchie e farro.

GUIDA DIETETICA PER I KEMETICI MODERNI

La dieta kemetica qui proposta è quella seguita dai sacerdoti e dalle sacerdotesse dell'antica Kemet. Si tratta di una dieta vegetariana cruda che consiste principalmente in frutta e verdura ed esclude il consumo di carne, come pesce, pollame o bestiame.

PERCHÉ LA DIETA KEMETICA?

I saggi dell'antica Kemet riconoscevano che la salute fisica e spirituale erano interconnesse. Seguire la dieta kemetica può contribuire a una vita più lunga, più sana e più piacevole. Potreste evitare di passare gli anni del tramonto entrando e uscendo dagli ospedali, a causa degli effetti cumulativi che una cattiva alimentazione può avere sulla vostra salute. Tali effetti negativi includono il diabete, l'ipertensione e il cancro. La dieta kemetica consente invece di consumare alimenti che permettono di vivere in Ma'at e favoriscono il cammino spirituale.

Inoltre, la dieta kemetica riduce la quantità di acidi che causano malattie nel corpo. Il corpo funziona meglio quando mantiene un livello leggermente alcalino di 7,4 sulla scala del pH (Adams, n.d.). Il consumo di frutta e verdura in grandi quantità può contribuire a stabilizzare il pH dell'organismo, a mantenere il sangue ossigenato e quindi a renderlo meno suscettibile alle malattie. Una dieta alcalina prevede anche l'aggiunta di noci, semi, legumi e tisane.

Benefici

La dieta kemetica elimina dall'alimentazione la fonte della maggior parte delle allergie alimentari. Ci permette di assorbire la nostra energia da fonti alimentari che hanno immediatamente raccolto energia da Ra. Ne consegue, quindi, che seguire una dieta kemetica comporta livelli di energia più elevati e una minore incidenza da malattie. Consumare la forma più pura di nutrizione permette di vivere in allineamento con il divino essendo verdi come Asar.

L'adozione di una dieta kemetica a base vegetale riduce la probabilità di sviluppare malattie come l'ipertensione, il colesterolo alto, il cancro e l'obesità. Inoltre, una dieta a base vegetale rafforza il sistema immunitario, fornendo protezione contro le malattie stagionali come il raffreddore e l'influenza. Aumenta i livelli di energia nel corpo e riduce la probabilità di depressione, stress e disturbi mentali associati.

Cosa mangiare

Cercate di mangiare frutta e verdura fresca il più possibile. Oltre al loro valore nutrizionale, aggiungono fibre alla dieta, favorendo il buon funzionamento dell'apparato digerente. Se possibile, consumate frutta e verdura crude. Tuttavia, non mangiatele contemporaneamente. Piuttosto, mangiate la frutta circa 30 minuti prima di mangiare la verdura. Nel caso in cui non sia possibile mangiare le verdure crude e sia necessario cuocerle, cercate di non cuocerle troppo. Nel caso di verdure verdi, come cavoli e spinaci, grigliatele o cuocetele al vapore. In questo modo, la loro naturale bontà sarà mantenuta il più possibile. Per creare un allineamento tra il vostro corpo e la frutta e la verdura che mangiate, cercate di mangiare solo alimenti di stagione. Mangiare cibi fuori stagione significa trasportare gli alimenti a lunga distanza da regioni diverse da quella in cui ci si trova. Questi alimenti non sono in linea con i ritmi del vostro corpo perché sono stati coltivati in una zona diversa. Di conseguenza, possono causare stress interno al corpo.

Così come si dovrebbe rispettare un intervallo di 30 minuti tra il consumo di frutta e verdura, nella dieta si dovrebbe fare attenzione a non mangiare più di tre tipi di alimenti diversi alla volta. Questo per ridurre lo sforzo dell'apparato digerente.

Se si dispone delle strutture necessarie, è possibile cuocere i cibi al sole. Si tratta della forma di cottura più salutare, in quanto sfrutta ulteriormente l'energia del sole per essere assorbita dall'organismo.

Bevete tutta l'acqua necessaria al vostro organismo per non sentire la sete. È consigliabile aggiungere all'acqua una fetta di limone o di lime, che aiuta a neutralizzare l'acidità eventualmente presente nell'organismo. Questo è ottimo per la salute in generale. Se scegliete di consumare succhi di frutta, evitate quelli gassati o ad alto contenuto di zucchero. Consumate piuttosto acqua di cocco, succhi di frutta puri e tisane. Dopo aver bevuto i liquidi, cercate di aspettare un'ora prima di mangiare. È meglio che mangiare e bere non avvengano nello stesso momento.

Per fare uno spuntino, prendete in considerazione la frutta

secca, come le mandorle crude, che sono ricche di sostanze nutritive. Sono ricche di calcio, magnesio, proteine e vitamina E. Per consumare le mandorle, mettetele a bagno in acqua per una notte. In questo modo sarà più facile per il corpo assorbire la bontà naturale delle mandorle. Quando si consumano le noci, bisogna evitare di mangiarle contemporaneamente a cibi umidi, come la frutta fresca. Tuttavia, può essere consumata insieme alla frutta secca, in quanto presenta una simile mancanza di acqua e richiede lo stesso sforzo per essere digerita. È possibile includere anche i semi, come quelli di zucca e di girasole, come spuntino aggiuntivo.

CEREALI, legumi e ortaggi a radice

Gli amidi sono inclusi nella dieta kemetica sotto forma di ortaggi, legumi e cereali. Sono considerati una parte fondamentale del pasto, ma non devono essere consumati in grandi quantità. Devono invece essere adeguatamente bilanciati con verdure verdi, soprattutto quelle che contengono l'energia diretta del sole.

La dieta migliore per l'organismo è quella che consiste esclusivamente in frutta e verdura, con una forte enfasi sugli alimenti crudi. Tuttavia, cercare di attuare immediatamente una dieta a base di alimenti crudi dopo aver consumato una dieta moderna per tutta la vita può essere dannoso per l'organismo. L'organismo si è abituato agli enzimi e ai minerali che ricava da questi alimenti e un cambiamento improvviso potrebbe provocare sintomi di astinenza. Se non gestito correttamente, un cambiamento repentino della dieta verso il veganismo può portare all'incapacità di mantenere la propria determinazione. Il ritorno alle abitudini precedenti può favorire la tendenza a consumare più sostanze che creano dipendenza rispetto a quelle consumate in precedenza, come la carne e lo zucchero.

D**IETA** *lucida*

Per una transizione riuscita è necessario seguire la cosiddetta dieta lucida. Questa dieta consiste in semi germogliati, noci, frutta, verdura e legumi. Una dieta lucida favorisce la chiarezza mentale e l'aumento della forza di volontà, oltre a fornire un senso generale di armonia.

Per avere successo nella transizione, cercate di ridurre gli alimenti che vi sono meno utili. Eliminate gli alimenti dannosi sostituendoli con alternative sane che permettano al vostro corpo di disintossicarsi dalle sostanze a cui si è abituato. Una volta ridotta l'assunzione, potrete passare al veganismo completo e a una dieta a base di cibi crudi una volta che il vostro corpo si sarà adattato.

Cercate di evitare gli alimenti raffinati, poiché la maggior parte della bontà naturale è stata eliminata. Cercate invece di utilizzare alimenti non raffinati e cereali integrali per quanto riguarda gli amidi. Sostituite gli zuccheri raffinati con dolcificanti naturali come miele, stevia e agave. Invece di frutta e verdura in scatola, cercate di consumare il più possibile frutta e verdura fresca. Se scegliete di consumare frutta secca, cercate di evitare quella a cui è stato aggiunto zucchero nel processo di conservazione.

Potreste prendere in considerazione l'idea di stare lontani dai latticini. La maggior parte delle persone non è fisicamente in grado di digerire i latticini. Questo è il motivo per cui l'incidenza delle reazioni allergiche al latte e ai prodotti ad esso correlati è così elevata. Oltre alle reazioni allergiche, il latte ha un impatto negativo a lungo termine sull'organismo. Si dice che aumenti la probabilità di sviluppare malattie come l'osteoporosi, il cancro e il diabete insulino-dipendente (Ashby, 2002).

Se avete bisogno di trovare un sostituto del latte nella vostra dieta e nelle vostre ricette, utilizzate una delle alternative al latte di origine vegetale disponibili sul mercato. Queste includono il latte di cocco, il latte di mandorle, il latte d'avena e altri ancora.

Si può prendere in considerazione la possibilità di eliminare il grano dalla propria dieta. Come il latte, il grano normale provoca una reazione allergica nella maggior parte delle persone a causa dell'incapacità genetica di digerirlo. Naso chiuso, catarro e infiammazione sono reazioni comuni alla reintroduzione del grano nell'organismo. Se insistete a mangiare prodotti da forno, prendete in considerazione la possibilità di trovare alternative al grano come la farina di cocco, la farina di mandorle e altre opzioni più salutari.

Considerate la possibilità di ridurre o eliminare l'assunzione di carne dalla vostra dieta. Potrebbe essere utile seguire un piano alimentare pescatariano o flexitariano. Tuttavia, nel farlo, ricordate di sostituire tutti i prodotti lattiero-caseari con alternative di origine vegetale.

In generale, cercate di evitare gli alimenti che gli antichi kemetici consideravano cibi insulsi perché causavano comportamenti aggressivi, malattie e pensieri negativi. Questi alimenti includono cibi fermentati e troppo maturi, cibi elaborati e raffinati e alcol. Si dice che questi alimenti provochino ottusità mentale, rabbia, avidità e odio. Si dice che le persone che consumano questi alimenti perdano la capacità di applicare la ragione. Anche il consumo di tabacco è stato ritenuto in grado di contribuire alle conseguenze negative sopra citate.

Anche gli alimenti descritti come agitanti sono da evitare. Si tratta di alimenti come la carne, il caffè e i cibi piccanti o acidi. Si è detto che questi alimenti causano irrequietezza e mancanza di concentrazione per la facilità con cui ci si distrae.

DIGIUNO

Gli abitanti di Kemet digiunavano per un periodo di tre giorni consecutivi ogni mese. Lo scopo del digiuno era quello di prevenire l'insorgere di malattie sotto forma di Ukhedu- la fonte di malattia che esiste nell'intestino. Ciò avviene a causa dell'accumulo di cibo nell'intestino, che deve essere eliminato attraverso il digiuno. Per questo motivo, gli antichi egizi erano soliti accompagnare il periodo di digiuno con l'uso di un clistere per ripulire ulteriormente l'intestino.

Il digiuno consente all'organismo di liberarsi delle tossine e riduce lo sforzo dell'apparato digerente. L'energia che sarebbe stata utilizzata per digerire il cibo viene resa disponibile per attività mentali e spirituali, come la meditazione e la preghiera. Durante il digiuno, l'organismo dirotta l'energia verso la riparazione delle cellule danneggiate. Durante questo periodo di tempo, si riduce l'infiammazione che causa malattie e l'organismo brucia i grassi in eccesso. Gli effetti positivi a lungo termine del digiuno includono cambiamenti ormonali che influenzano l'espressione genica. Gli effetti epigenetici dei cambiamenti nell'espressione genica gioveranno a voi e alle generazioni future.

Per seguire i tre giorni di digiuno totale che venivano praticati nell'antica Kemet, esistono tre diversi tipi di digiuno, molto diffusi nei tempi moderni, che potete utilizzare per preparavi.

Uno di questi metodi è il digiuno intermittente. Si tratta di un metodo che prevede di mangiare regolarmente solo in una certa finestra di tempo nell'arco delle 24 ore. Tale finestra alimentare può essere costituita da cinque a otto ore al giorno. Se volete praticare il digiuno intermittente, potete iniziare facendo colazione tardi o saltando la colazione e pranzando presto. Si può poi cenare presto, per entrare nella finestra di digiuno nel corso della serata fino a metà mattina del giorno successivo. Durante la finestra di digiuno si possono consumare bevande come acqua, tisane e succhi naturali. Evitare il consumo di alcolici e bevande contenenti caffeina.

Un altro metodo prevede l'eliminazione totale della carne dalla dieta e il consumo di sole verdure. Si tratta di un buon metodo da seguire se si ha la necessità di disabituarsi alla carne nel passaggio a una dieta kemetica. Se siete già vegetariani, prendete in considerazione una dieta a base di sola frutta. È un modo utile per depurare l'organismo.

Se vi state avvicinando all'obiettivo kemetico di digiunare tre giorni al mese, potete iniziare a digiunare per qualche ora al giorno prima di passare al digiuno intermittente. Una volta che il corpo si è abituato al concetto di mangiare solo per un breve lasso di tempo, si può intensificare il periodo di tempo fino a un giorno di digiuno al mese. Una volta abituati, si può digiunare per un giorno alla settimana. Con il tempo, si può aumentare fino a digiunare per tre giorni consecutivi al mese, come facevano nell'antica Kemet.

Durante il periodo di digiuno, bere liquidi aiuta a eliminare le tossine dal corpo. I liquidi possono essere acqua, succhi di frutta, tisane e spremute fresche di frutta e verdura. Gli ingredienti possono essere spinaci, cavolo, lattuga, carote, arance, mele, cetrioli e altra frutta e verdura da consumare cruda.

Cercate di evitare di fare un digiuno di sola acqua finché non vi siete impegnati in attività di digiuno regolari per un periodo di uno o due anni. A questo punto, il vostro corpo sarà stato ripulito da anni di tossine Ukhedu accumulate nel vostro sistema, dandovi la capacità di gestire un simile digiuno.

Siate delicati con il vostro corpo durante il digiuno. Non fate sforzi fisici eccessivi. Piuttosto, svolgete attività più orientate al riposo e lasciatevi guidare dal vostro corpo per quanto riguarda le attività che intraprenderete.

Quando rompete il digiuno, cercate di limitare l'assunzione di amidi o di evitarli del tutto il primo giorno. A questo punto il corpo ha bisogno di una delicata introduzione al cibo. L'amido potrebbe intasare rapidamente l'apparato digerente perché non è solubile in acqua. Come sempre, dovete assumervi la responsabilità delle vostre azioni e delle vostre scelte alimentari e fare le vostre ricerche e la vostra diligenza, qualunque sia la strada che scegliete di percorrere.

SHU

6
GLI SPIRITI GUIDA KEMETICI, I SEGRETI DEI CHAKRA E L'INVOCAZIONE DI FORZA E SAGGEZZA

Tutti noi siamo circondati da spiriti guida. Si tratta di esseri che esistono nel regno spirituale. La loro assistenza facilita l'accesso alle forze della natura. Collaborando con i vostri spiriti guida, potete realizzare i vostri desideri, perché sono loro che si impegnano con le forze della natura che rendono tutto possibile. Collaborando con loro, accedete alla loro capacità di agire come intermediari per raggiungere i vostri obiettivi. Le guide spirituali sono presenti nella nostra vita per assisterci nel corso della vita, fornendo protezione, conforto e orientamento nelle nostre attività quotidiane.

GLI ANTENATI

Questi spiriti guida possono assumere diverse forme. Una è quella degli antenati. Si tratta di persone appartenenti o vicine alla vostra linea di famiglia. Tendenzialmente si tratta di persone che hanno vissuto una vita esemplare e si sono messe a disposizione per aiutare i vivi a fare altrettanto.

Potete onorare i vostri antenati costruendo un altare ancestrale. Si tratta di un luogo dedicato alla comunicazione e al dialogo con loro.

ALLESTIMENTO DI UN ALTARE

Per allestire l'altare si può usare un piccolo tavolo, da utilizzare solo per questo scopo. Per invitare gli antenati, potete coprire il tavolo con una tovaglia bianca o mettere delle conchiglie bianche intorno ai bordi del tavolo. Potete poi adornare il tavolo con le foto dei vostri antenati, i vostri cari che hanno lasciato la terra.

Per iniziare a comunicare, pregate che Dio (o il dio o la dea che preferite) guidi i vostri antenati e fornisca loro forza e saggezza. In questo modo, quando li invocherete, avranno gli strumenti spirituali necessari per fornirvi l'assistenza di cui avete bisogno.

SI PUÒ METTERE una piccola candela bianca su un altare. Può essere grande come una candela di compleanno. Mentre è accesa, dite ai vostri antenati che apprezzate ciò che hanno fatto per voi quando erano ancora in vita. Informateli sulla vostra vita, su come sta andando e sulle sfide che state affrontando. Chiedete loro guida e assistenza per affrontare queste sfide. In cambio dell'assistenza che vi aspettate di ricevere da loro, fate un'offerta. L'offerta non serve solo a comunicare ulteriormente con i vostri antenati. Serve anche a bilanciare lo scambio energetico tra voi e loro. Quando ricevete il loro aiuto per le vostre sfide, dovete dare qualcosa in cambio. Questo è conforme alle leggi di Ma'at. Potete offrire loro qualcosa che apprezzeranno o che hanno apprezzato quando erano in vita sulla terra. Può trattarsi di bruciare dell'incenso o di offrire qualcosa da consumare. Potete offrire una bevanda sotto forma di una tazza di caffè nero forte, un bicchiere di alcol - se ne hanno goduto in vita - o una tazza di tisana aromatica. Potete anche offrire ai vostri antenati un piatto dei loro cibi preferiti. Dopo aver fatto le vostre richieste insieme all'offerta, ringraziate gli antenati per il loro aiuto e lasciate che la candela si consumi da sola.

Dopo aver offerto il cibo e la bevanda, si può lasciare che la bevanda evapori. Tuttavia, si consiglia di rimuovere il piatto di cibo il giorno successivo, in modo che non diventi stantio sull'altare. Quando si elimina il piatto di cibo, si prega sul bidone prima di gettarlo. Potete anche smaltirlo con il compostaggio.

Dopo la comunicazione con gli antenati sull'altare, preparatevi a ricevere la loro risposta. Vi daranno indicazioni sui passi da compiere. Questo può avvenire sotto forma di momenti di intuizione, intuizioni e sogni che si verificano dopo l'offerta a loro.

DEI E DEE COME SPIRITI GUIDA

Man mano che proseguite il vostro viaggio nella spiritualità kemetica, potreste accorgervi di vari dei e dee che fanno sentire la loro presenza nella vostra vita. Sono lì per assistervi nel vostro cammino spirituale, fornendovi suggerimenti sulle azioni da compiere e sulle scelte da fare. È possibile che abbiano sempre guidato il vostro percorso di vita, ma che, per mancanza di consapevolezza, non abbiate riconosciuto le prove della loro esistenza. Tali prove possono essere sottili e presentarsi sotto forma di sogni o interazioni con alcuni degli animali in cui i principi si manifestano. Potreste ricordare un periodo della vostra vita particolarmente impegnativo. Può darsi che in quel periodo abbiate sperimentato coincidenze che coinvolgevano leoni, gatti o sciacalli, tra gli altri animali. La vostra situazione difficile potrebbe essersi risolta misteriosamente. Con il senno di poi, ora potete essere consapevoli che forse si trattava di Sekhmet, Bastet o Anubi che vi facevano sentire la loro presenza. La misteriosa risoluzione della vostra sfida era forse dovuta al loro intervento.

La presenza degli dei e delle dee può essere avvertita anche durante le sedute di guarigione Sekhem. Queste sedute di guarigione fanno appello all'energia spirituale; pertanto, è normale che lo spirito guida dell'individuo si riveli durante la seduta di guarigione. Ciò avverrà sotto forma di immagini mentali o di consapevolezza della presenza di quel dio o di quella dea. Queste immagini o sensazioni possono essere percepite sia dal guaritore che dalla persona che effettua la seduta.

Quando ciò accade e si è consapevoli che uno degli dei o delle dee è il proprio spirito guida, si può trarre grande beneficio da questa conoscenza. Potete chiedere il loro intervento diretto in determinate questioni. Potete fare delle offerte a loro come fate per i vostri antenati. Dedicare del tempo alla meditazione e concentrarsi sul principio in questione aprirà la strada per ricevere una guida particolare. A volte il dio o la dea come spirito guida fa la sua comparsa nella vostra vita solo per uno scopo particolare. Altre volte, invece, è un compagno costante che vi guida nella vita.

Ecco alcuni degli dei e delle dee che potreste incontrare. Prestate attenzione alle vostre visioni, ai sogni e all'intuizione. Inoltre, siate consapevoli di qualsiasi necessità particolare che avete in questo momento. Gli dei e le dee possono essere chiamati a intervenire in un'area particolare che è sotto la loro protezione.

Anubis, o Anpu, è il dio dalla testa di sciacallo dell'aldilà, della guarigione e della guida per i dispersi. Anubi viene ad aiutarci con la morte e la rinascita, spesso come parte del viaggio emotivo, psicologico o spirituale.

Bastet è la dea gatta dell'amore, del fuoco, della musica, della fertilità e della magia. È una protettrice delle case che allontana gli spiriti maligni e le malattie.

Het-Heru, o Hathor, è una bellissima dea con corna di toro e un disco solare sulla testa. Si manifesta anche come oca, leone o gatto. Dea della cosmesi e del cielo, è nota per essere una protettrice delle donne. Porta piacere, amore, fertilità, bellezza e musica nella vita di coloro che tocca. È la dea della maternità, il cui altro compito è accogliere gli spiriti morti nell'aldilà. È una manifestazione meno feroce di Sekhmet. Come spirito guida, Hathor ispira gratitudine e diplomazia alle nazioni straniere ed è la protettrice del fiume celeste Nilo.

Sekhmet è la dea dalla testa di leone che indossa un disco solare abbinato a un serpente ureo come corona. Al tempo stesso feroce e protettrice, è una guaritrice per i malati e una feroce protettrice degli innocenti. Difende strenuamente i principi di Ma'at e interviene se siete stati trattati ingiustamente.

CHAKRAS

I chakras sono punti focali di energia che si trovano lungo il midollo spinale. Questi chakras ruotano continuamente. La conseguenza è che il senso di equilibrio è influenzato dalla velocità di rotazione di questi punti focali. Quando l'equilibrio è influenzato da uno di questi chakra che ruota più lentamente o più velocemente degli altri, l'effetto può essere emotivo, fisico o mentale.

Esistono sette punti chakra principali, tutti vibranti del proprio colore. Ogni punto è associato a un diverso dio o dea dell'albero della vita kemetico. Questi punti chakra sono anche allineati con diverse parti del corpo in base alla loro posizione sulla colonna vertebrale. Se avete un problema in una particolare area del corpo, invocate le divinità e le dee che governano quella parte del corpo per ottenere la guarigione. Di seguito è riportata una panoramica di base dei punti chakra e un'indicazione delle divinità che li governano.

1. Il Chakra della radice, o Khab, è governato dalla parte inferiore di Geb ed è associato alle anche, alla vescica, agli arti inferiori e all'inguine. Si trova alla base della colonna vertebrale. Il colore associato al chakra della radice è il rosso.
2. Il chakra sacrale, o Khaibit, è governato dalla parte superiore di Geb ed è associato all'utero e al tratto urinario, alle emozioni e ai sensi animali. Si trova appena sotto l'ombelico. Il colore associato al chakra sacrale è l'arancione.
3. Il chakra del plesso solare, o Sahu, è governato da Het-Heru, noto anche come Hathor, Sebek e Auset. È associato ai polmoni, allo stomaco, all'intestino, al fegato e alla pressione sanguigna. Si trova sopra l'ombelico. Il colore associato al chakra del plesso solare è il giallo.

4. Il chakra del cuore, o Ab, è governato da Ma'at, Herekuti e Heru. È associato alla parte superiore della schiena e al cuore. Si trova nel petto. I colori associati al chakra del cuore sono il verde e il rosa.
5. Il chakra della gola, o Shekem, è governato da Sekhert ed è associato alla tiroide, al naso e alla gola. Si trova nella gola. Il colore associato al chakra della gola è il blu.
6. Il chakra del terzo occhio, o Khu, è governato da Tehuti ed è associato agli occhi e alle orecchie. Si trova tra gli occhi e le sopracciglia. Il colore associato al chakra del terzo occhio è il viola.
7. Il Chakra della Corona, o Ba, è governato da Ausar ed è associato al sistema nervoso, alla memoria e al senso di equilibrio. Si trova nella parte superiore della testa. Il colore associato al chakra della corona è il bianco.

Ulteriori dettagli sui punti chakra saranno forniti nel capitolo sulla guarigione energetica kemetica.

AURA

Ognuno di noi irradia la frequenza energetica su cui opera. Questa energia circonda il nostro corpo sotto forma di campo elettromagnetico. Il vostro campo energetico può essere percepito da altre persone quando i loro campi energetici entrano in contatto con il vostro. Quando percepiscono il vostro campo energetico, possono reagire ad esso. La reazione dipende dal modo in cui la vostra energia entra in contatto con la loro aura. Da questa esperienza, le persone descrivono come hanno ricevuto buone o cattive vibrazioni da una persona.

Quando gli altri percepiscono il vostro campo energetico, quello che stanno captando è la vostra aura. L'aura esiste in diversi strati, ciascuno di colore diverso in linea con i chakra e con la quantità di energia irradiata da ciascun chakra. Questo, a sua volta, è influenzato dalle esperienze attuali e dalle emozioni che le accompagnano.

Ci sono persone che hanno la capacità di vedere le aure e sono in grado di dire quale aura non è allineata semplicemente osservando i colori che emanano dal vostro corpo. Le aure sono misurabili e possono persino essere fotografate quando si utilizzano apparecchiature speciali. Questa attrezzatura è uno strumento utile per determinare se c'è stato un cambiamento nell'aura e nel bilanciamento dei chakra prima e dopo una sessione di guarigione energetica.

BAGNI SPIRITUALI

Quando interagiamo con le vibrazioni o l'aura di altre persone, avviene uno scambio energetico e usciamo dalle interazioni con gli altri essendone stati in qualche modo influenzati. Se interagiamo costantemente con persone che hanno un'energia bassa, la nostra frequenza energetica ne risentirà. Questo ci fa sentire bassi o di umore negativo. Il modo per liberarci da questi stati d'animo negativi è pulire le nostre frequenze energetiche. Il bagno spirituale è uno dei metodi più efficaci e che richiede un minimo di abilità.

Come minimo, un bagno spirituale richiede una ciotola abbastanza grande da potervi mettere i piedi senza che si tocchino, insieme alle vostre preghiere e alla vostra intenzione. L'intenzione dovrebbe essere quella di far uscire l'energia negativa dal corpo e farla confluire nell'acqua. Dopo un periodo di 10-15 minuti con i piedi nell'acqua, si possono togliere i piedi e buttare l'acqua nel water. Sciacquate la tazza con acqua fresca.

Per essere più efficaci, potete aggiungere all'acqua dei minerali purificanti sotto forma di sale grosso, sale marino puro o addirittura acqua di mare.

L'intenzione di purificare l'intero corpo può essere realizzata facendo un bagno nell'acqua a cui sono state aggiunte proprietà detergenti. A questo si può associare un'intenzione di preghiera per la purificazione spirituale. Se non riuscite a immergere completamente il corpo in quest'acqua, potete versarne un po' sotto la doccia.

Per aumentare la capacità dell'acqua di eliminare l'energia negativa dalla vostra aura, potete aggiungere alcuni dei seguenti elementi: sale grosso (evitate di usare sale da cucina raffinato), erbe, profumi naturali, bustine di tè, pietre e cristalli. Benedite sempre l'acqua prima di fare il bagno spirituale, poiché l'intenzione che sta dietro al bagno o alla doccia ne aumenta l'efficacia.

Le erbe efficaci sono il basilico e la lavanda.

THOTH

7
SEGRETI EGIZIANI DI GUARIGIONE ENERGETICA DIMENTICATI E POTENTI TECNICHE MODERNE

Il nostro corpo è un conduttore di energia. Non solo conduce energia, ma contiene al suo interno l'energia necessaria alla nostra sopravvivenza. Questa energia viene mantenuta nei centri energetici, spesso chiamati chakra. La parola chakra significa "ruota di luce" nella lingua sanscrita dell'India. Questa parola è stata adottata in tutto il mondo per indicare questi centri energetici.

I chakra hanno sedi minori e maggiori nel corpo umano. I chakra maggiori si trovano lungo il midollo spinale, mentre i chakra minori si trovano in diversi organi e in alcuni punti vicini al corpo, come ad esempio sopra la testa. Quando vengono visti da chi ha la capacità di vedere l'energia, grazie a speciali abilità o all'uso di strumenti, i chakra sono visti come ruote rotanti di energia luminosa. Sono queste sfere di luce di diversi colori che hanno dato origine al loro nome.

La base della guarigione energetica è il bilanciamento dei principali chakra, o centri energetici, del corpo. Quando i chakra sono allineati, l'energia è in grado di fluire liberamente tra di loro. Sono tutti in equilibrio tra loro e nessuno di essi è più dominante o più sottomesso degli altri. Un corpo sano è un corpo che è in allineamento con l'energia dell'universo, e questo è ciò a cui tutti dovremmo aspirare. Quando il corpo non è allineato, si ricorre alla guarigione energetica per riallineare i chakra. La guarigione energetica si ottiene accedendo alla forza energetica dell'universo e portando il corpo in allineamento con essa attraverso tecniche di pulizia dell'aura. Quando i chakra sono puliti, anche l'aura è pulita. Questo ha un impatto sul benessere fisico ed emotivo. Un'aura limpida consente di incanalare facilmente l'energia attraverso il corpo. Potrete godere di buona salute e chiarezza mentale. Tuttavia, se uno dei centri energetici è bloccato, può manifestarsi una malattia o un disturbo psicologico nell'area corrispondente a quel chakra. Spesso, per identificare quale chakra è bloccato, basta partire dai sintomi che il corpo presenta. È quindi importante conoscere i centri energetici e il loro impatto sulla salute in generale. Una volta acquisita la consapevolezza di questi centri, è possibile utilizzare le tecniche di guarigione energetica per guarire il corpo. Sessioni continue garantiranno che il corpo rimanga in allineamento con le vibrazioni energetiche positive per consentire una salute continua.

Per acquisire la consapevolezza di come l'energia influisce sul corpo, esaminiamo i sette chakra e cosa rappresentano. Seguirà una discussione sui metodi utilizzati dai praticanti della guarigione energetica egiziana per equilibrare questi centri energetici. Verrà inoltre presentato l'albero della vita kemetico e il suo allineamento con i sette chakra e la spiritualità kemetica.

Osservando l'albero della vita, riconosciamo il ruolo che vari dei e dee hanno nel percorso di guarigione - in particolare Sekhmet, Thoth e Auset, che erano le divinità associate ai sacerdoti e alle sacerdotesse dei templi di guarigione. Questi sacerdoti e sacerdotesse avevano il compito di occuparsi del benessere spirituale e fisico di coloro che cercavano la loro assistenza. Questi ultimi, a loro volta, cercavano la guida di questi dei e dee per identificare e risolvere i loro disturbi.

GUARIGIONE PER MA'AT

Esamineremo anche i vari strumenti e le tecniche che possono essere utilizzati per equilibrare l'energia nel corpo. Ricordate che una buona salute consiste nell'equilibrio del corpo, dell'anima e della mente. Sebbene si possano leggere libri e seguire conferenze ispirate per sostenere una mente sana, il corpo e l'anima sono direttamente influenzati dall'energia con cui si entra in contatto ogni giorno. Ogni volta che interagite fisicamente con le persone, vi impegnate con la loro energia. Le interazioni negative che possono aver avuto prima di incontrarvi rimarranno nel loro corpo energetico se non le hanno affrontate prima del vostro incontro. Quando vi incontrerete con loro, quell'energia si ripercuoterà su di voi, poiché la assorbirete. Potreste andarvene sentendovi giù di morale senza sapere perché vi sentite così. Quando fate parte di una folla, ad esempio un teatro pieno di gente, anche voi ne sarete influenzati. Anzi, l'intera folla potrebbe contagiarsi a vicenda con la stessa energia. Ecco perché vi sentite sollevati quando passate accanto a una persona che sorride tra sé e sé dopo aver sentito una buona notizia che ha appena ricevuto. Noterete che anche voi sarete ispirati a sorridere, anche se la persona non sta sorridendo a voi. La maggior parte delle persone è istintivamente attratta da quell'energia positiva perché vuole esistere in uno spazio vibrazionale positivo. D'altra parte, per quanto l'energia positiva degli altri possa sollevarvi, anche l'esposizione alla loro energia negativa può avere un impatto su di voi.

Le persone che stanno vicine o fanno parte di una gruppo arrabbiato possono spesso formare una folla e agire per una causa in cui non credono. Questo accade perché si lasciano coinvolgere dall'energia della folla. Per questo motivo, è importante sapere chi frequentiamo, perché la loro energia ci influenzerà. Nei casi in cui non abbiamo scelta, dobbiamo trovare il modo di pulire i nostri chakra ogni giorno, se possibile. In questo modo potrete vivere la vostra vita nel modo più equilibrato possibile. Pertanto, questo capitolo vi viene presentato con l'obiettivo di aiutarvi ad accedere agli strumenti giusti per mantenere i vostri chakra in equilibrio e per aiutarvi a vivere una vita equilibrata. Una vita equilibrata è quella che è in linea con i principi di Ma'at e, quindi, essenziale per il vostro cammino spirituale. Utilizzando gli strumenti qui presentati, potete vivere in Ma'at nonostante l'impatto delle circostanze attuali, dell'ambiente circostante o delle interazioni quotidiane.

IL SISTEMA DEI CHAKRA

Il corpo umano contiene sette chakra principali. Si trovano in vari punti della colonna vertebrale e sono rappresentati da colori diversi. Questi chakra si riferiscono anche a diversi aspetti fisici, emotivi e psicologici del benessere. Pertanto, se un chakra non è in equilibrio nella vostra vita, si rifletterà in uno squilibrio degli aspetti fisici, emotivi e psicologici associati. Passeremo brevemente in rassegna i 7 chakra principali, dal basso verso l'alto. Questo vi permetterà di capire cosa sono e a quali aspetti del corpo si riferiscono. I chakra vengono presentati nello stesso ordine in cui si sale sull'albero della vita.

Nell'antico Egitto, i chakra erano visti come anime di Ra, o "Sephek Ba Ra". In questa sede ci concentreremo sui chakra rappresentati da ciascuna sfera dell'albero della vita. Inoltre, esamineremo lo scopo spirituale che ogni chakra svolge in relazione alla sua posizione sull'albero della vita.

Questo vi mostrerà perché l'allineamento spirituale attraverso il bilanciamento dei chakra vi fornisce i mezzi per superare le sfide quotidiane e vivere una vita sempre più divina.

Chakra della radice, *il Khab*

Il rosso è il colore associato al chakra della radice, che si trova alla base della colonna vertebrale.

Il chakra della radice è responsabile della sensazione di sicurezza e protezione, in quanto permette di rimanere ancorati alla realtà.

Sull'albero della vita, questo chakra si allinea alla sfera 10. In questo caso, si riferisce alla metà inferiore di Geb. Si riferisce agli aspetti fisici del corpo e alla capacità di muoversi. È collegato al nostro corpo fisico. Il Khab è anche considerato la sede del corpo spirituale inconscio. Si riferisce alla nostra natura sensuale.

Uno squilibrio nel chakra della radice si riflette in sentimenti di ansia, panico e insicurezza. Questo squilibrio può sfociare in una mentalità vittimistica. Può anche manifestarsi con una mentalità di scarsità, evidenziata dall'accaparramento. I disturbi fisici del chakra della radice si riscontrano nell'inguine, nella vescica, negli arti inferiori e nei fianchi.

Chakra sacrale, *il Khaibit*

L'arancione è il colore del chakra sacrale. Questo chakra si trova nell'addome, circa cinque centimetri sotto l'ombelico.

Il chakra sacrale è responsabile del senso di piacere e di benessere, compresa la sessualità.

Sull'albero della vita, questo chakra si allinea alla sfera dieci. Questa volta è in relazione con la metà superiore di Geb, che riguarda le emozioni e i nostri sensi animali. Si tratta del nostro sé ombra, che è governato dai sensi. Questo chakra si riferisce alla sensualità e alla creatività.

Uno squilibrio nel chakra sacrale si riflette in un senso di separazione fisica ed emotiva. Si possono riscontrare difficoltà di connessione con gli altri. I disturbi fisici caratterizzati da questo blocco includono problemi di fertilità, come mestruazioni irregolari, problemi urinari e ginecologici. Si può anche soffrire di mal di schiena e stitichezza.

Chakra del plesso solare, *il Sahu*

Il chakra del plesso solare è indicato con il colore giallo.

Situato nella parte superiore dell'addome, il chakra del plesso solare è responsabile dei sentimenti di autocontrollo e fiducia. È il centro del potere personale del corpo.

Sull'albero della vita, questo chakra si allinea con le sfere sette, otto e nove. La sfera sette è Het-Heru, sede dell'energia sessuale, della Kundalini e delle Forze Solari. La sfera otto è Sebek, che rappresenta l'intelletto e la logica, nonché la comunicazione e le convinzioni. La sfera nove è Auset, la dea che rappresenta la nostra personalità. Questa è costituita dalla nostra memoria, dall'anima e da ciò che impariamo attraverso il nostro viaggio. La capacità di nutrire e di essere devoti serve ad aggiungere nuovi aspetti alla nostra personalità in continuo sviluppo. Qui si trova il corpo energetico spirituale. Trasporta la nostra forza vitale in cielo dopo la morte.

Uno squilibrio nel chakra del plesso solare si manifesta con problemi all'intestino e allo stomaco, come l'indigestione. Altri disturbi fisici possono essere la pressione alta e i problemi al fegato. Uno squilibrio di questo tipo può portare a problemi emotivi come bassa autostima e dubbi su se stessi.

Chakra del cuore, *l'Ab*

Centro dell'amore e dei sentimenti di empatia, il chakra del cuore è contraddistinto dai colori verde e rosa.

Il chakra del cuore è responsabile dell'amore, dell'empatia, del perdono e della compassione.

Sull'albero della vita, questo chakra si allinea con le sfere quattro, cinque e sei. Da queste, vediamo che il quattro è Ma'at, che governa l'armonia, la verità e la legge divina. Questo ideale è sostenuto dalla sfera cinque, Heru-Khuti, che fa rispettare la legge divina. La sfera sei è Heru, che rappresenta la volontà umana che determina i risultati del nostro processo decisionale e la capacità di superare il nostro io inferiore. L'Ab è una porta d'accesso tra gli aspetti divini e quelli mondani di noi stessi. Rappresenta la sede dell'intelletto e della coscienza.

Uno squilibrio nel chakra del cuore si riflette in dolori alla schiena, malattie cardiache, depressione, ansia e stanchezza cronica.

Chakra della gola, o *Shekem*

Situato nella gola, al centro della laringe, questo chakra è rappresentato dal colore blu.

Il chakra della gola è responsabile della comunicazione. La forma più alta di questa si ha quando si dice la propria autentica verità.

Sull'albero della vita, questo chakra si allinea alla sfera tre, che si riferisce al potere della creazione attraverso l'uso delle parole. È la sede dei nostri poteri divini e dell'energia vitale. Ci permette di esprimere la nostra creatività e il nostro potere.

Uno squilibrio nel chakra della gola si manifesta con sintomi di raffreddore, problemi alla gola, squilibrio della tiroide e torcicollo.

Chakra del terzo occhio, *il Khu*

Situato tra le sopracciglia e gli occhi, il chakra del terzo occhio è associato al colore viola o indaco.

Il chakra del terzo occhio è responsabile dei sogni e dell'intuizione.

Sull'albero della vita, questo chakra si allinea con la sfera due, che si riferisce all'onniscienza di Dio. È la sede del sé superiore o del sé trasfigurato. È da qui che il nostro spirito entra nell'aldilà quando moriamo. Il Khu ci permette di ricevere messaggi dal regno spirituale nel nostro attuale stato di vita sulla terra.

Uno squilibrio nel chakra del terzo occhio si riflette in problemi alle orecchie o agli occhi. Si possono anche verificare squilibri ormonali, paralisi del sonno o difficoltà di apprendimento.

Chakra della corona, *il Ba*

Il chakra della corona è rappresentato dal bianco o dal viola.

Il chakra della corona è responsabile della capacità di connettersi all'intelligenza superiore e al regno spirituale.

Sull'albero della vita, questo chakra si allinea con la sfera uno, che è legata al nostro vero sé come manifestazione di Dio nel mondo. Questo chakra si riferisce a tutto ciò che è soprannaturale e divino. Il Ba rappresenta anche gli aspetti di noi che non sono fisici.

Uno squilibrio nel chakra del terzo occhio si riflette in uno squilibrio del sistema nervoso e in problemi come perdita di memoria, vertigini, problemi di vista e difficoltà cognitive.

TECNICHE DI GUARIGIONE ENERGETICA

Quando i chakra sono allineati, sono in uno stato di Ma'at, cioè in equilibrio. Tuttavia, ci sono molti eventi e interazioni che hanno luogo nel corso della nostra vita quotidiana. Alcuni di questi eventi possono mettere in discussione il nostro stato di Ma'at e farci uscire dall'allineamento. Questi eventi tendono a influenzare il particolare chakra con cui entrano in contatto. Ad esempio, quando vi trovate in una situazione in cui non riuscite a dire la vostra verità, questo influisce sul chakra della gola. Una situazione del genere potrebbe verificarsi in un ambiente di lavoro in cui la comunicazione delle proprie idee creative viene soffocata, come in un ambiente in cui la direzione insiste sul fatto che si debbano usare gli stessi vecchi metodi per affrontare i compiti, anche se esiste la tecnologia per ottenere risultati migliori. Essere fortemente scoraggiati dall'esprimere le proprie idee su come risolvere vecchi problemi in modo nuovo potrebbe lasciarvi con un mal di gola dovuto a un chakra della gola bloccato.

Questo è un esempio reale di come il mancato allineamento dei chakra su base continua possa finire per farvi sentire a disagio o manifestare un corpo malato. Le seguenti tecniche erano utilizzate nell'antica Kemet e vengono nuovamente adottate in epoca moderna come mezzo per affrontare gli squilibri corporei.

PREGHIERE E AFFERMAZIONI

Un modo per portare l'energia di guarigione nel corpo è l'uso di parole positive. Il potere della parola come forte forza vibrazionale con la capacità di creare l'universo è stato sempre più riconosciuto da insegnanti di fama mondiale come Bob Proctor di "Born Rich". Pertanto, un metodo che potete utilizzare è quello di dare vita ai vostri centri energetici. Questo permette loro di allinearsi con la verità che state dicendo piuttosto che con il malessere che possono aver incontrato. Potete farlo per tutti i vostri chakra come pratica quotidiana, oppure potete concentrarvi su un singolo chakra quando sentite che è diventato sbilanciato verso il suo scopo. Potete utilizzare i sintomi che il vostro corpo presenta insieme alla conoscenza di ciascun chakra. In questo modo è possibile identificare le aree che necessitano di particolare attenzione. Di seguito sono riportate le affermazioni suggerite che possono essere utilizzate per ciascun chakra. Potete modificarle o aggiungerle in base a ciò che funziona per la vostra situazione e i vostri sintomi.

. . .

Affermazioni per il chakra della radice, il Khab

- Vivo nell'abbondanza e ricevo sempre il necessario.
- Sono grato per la vita che vivo.
- Sono fiducioso.
- Sono rispettato da tutti coloro che mi conoscono.
- Sono radicato nel mio senso di appartenenza.

Affermazioni per il chakra sacrale, il Khaibit

- L'apprezzamento e il rispetto reciproci sono al centro di tutte le mie relazioni.
- I miei cari possono fidarsi di me e io di loro.
- Sono costantemente ispirato ad agire su nuove idee.
- Esprimo la mia creatività in modi molto diversi.
- Mi assumo la piena responsabilità della mia felicità e mi nutro emotivamente.

Affermazioni per il chakra del plesso solare, il Sahu

- Vivo in allineamento con il mio scopo divino.
- Sono sicuro di essere sempre degno.
- Uso gli errori del passato come trampolini di lancio per spingermi in avanti.
- Sono fiducioso, potente e forte.
- Sono motivato ad affrontare le sfide.

AFFERMAZIONI per il chakra del cuore, l'Ab

- Sono circondato dall'amore ovunque vada.
- Sono pieno d'amore e attiro persone piene d'amore.
- Mi amo pienamente.
- Accolgo l'amore e gli do l'attenzione che merita.
- Merito di essere amato.

AFFERMAZIONI per il chakra della gola, il Shekem

- Sono un buon ascoltatore, paziente e attento.
- Sono bravo a comunicare le mie idee con calma e attenzione.
- Mi piacciono le conversazioni vivaci e intelligenti.
- Il successo e la prosperità sono temi ricorrenti nei miei discorsi.
- Parlo con sicurezza e chiarezza.

AFFERMAZIONI per il Chakra del Terzo Occhio, il Khu

- Sono guidato divinamente verso il mio scopo superiore.
- Sono aperto a nuove esperienze.
- Mi fido sempre della mia intuizione.

- Sono una persona che pensa in grande e agisce con saggezza e intuizione.
- Sono connesso al divino.

Affermazioni per il Chakra della Corona, il Ba

- Sono un'estensione dell'energia amorevole e divina.
- Sono spirituale, attualmente vivo come un essere umano.
- Ricevo nuove idee dall'universo.
- I poteri superiori che mi guidano si aggiungono alla mia saggezza interiore.
- Abbraccio il momento presente e vivo nell'adesso.

IMPOSIZIONE DELLE MANI

Potete aumentare le vostre affermazioni posando le mani sull'area relativa al chakra su cui vi state concentrando. Potete mettere le mani una accanto all'altra sul punto fisico del corpo in cui si trova il chakra. Si può anche scegliere di usare solo la mano dominante sull'area. Questa operazione può essere eseguita in posizione supina.

È più efficace posizionare le mani sui lati opposti del corpo in modo che racchiudano l'area interessata. Ciò richiede un po' di destrezza per zone come il petto, poiché una mano si troverà davanti al petto e l'altra sulla schiena nella zona corrispondente. Per posizionare le mani in queste posizioni è necessario stare in piedi o seduti, con i piedi ben appoggiati a terra e la schiena dritta. Da questa posizione, il metodo che userete per pronunciare le parole di affermazione per il vostro chakra sacrale prevede che mettiate la mano destra appena sotto l'ombelico. Allo stesso tempo, si appoggia la mano sinistra sulla parte bassa della schiena. In questo modo, l'energia fluirà da entrambe le mani attraverso il corpo fino al chakra interessato. Potete utilizzare questo metodo anche quando pregate per qualcun altro. Per migliorare la vostra capacità di accedere all'energia universale durante gli esercizi di bilanciamento dei chakra, invocate i vostri spiriti guida affinché vi indirizzino verso i chakra che necessitano di maggiore attenzione. Fate un respiro profondo e rimanete calmi mentre visualizzate il vostro spirito guida che mette la sua mano sopra la vostra per eseguire l'esercizio di guarigione attraverso di voi.

USO DELLE BACCHETTE CURATIVE

Molte delle statue ritrovate negli antichi templi di Kemet raffiguravano gli dei e le dee che tenevano in mano dei cilindri. Solo nel secolo scorso è venuta alla luce la verità su questi cilindri. Negli anni '20, infatti, una scuola di yoga zoroastriana ha rivelato un antico testo. Questo testo è stato utilizzato da scienziati russi negli anni '90 per ricreare le bacchette. Le barre sono state poi studiate dall'Accademia russa delle scienze per un periodo di dieci anni. Il risultato di questo studio intensivo fu la scoperta che le bacchette utilizzavano processi simili a quelli dell'agopuntura e del reiki per guarire il corpo. Hanno stabilito che le bacchette sono composte da metalli e cristalli specifici, che consentono una guarigione più rapida nel corpo quando vengono utilizzate correttamente. Le bacchette sono utilizzate anche per la manifestazione, il bilanciamento fisico e l'ascensione.

Solo in tempi recenti, quindi, si è stabilito che queste statue avevano in mano delle bacchette di guarigione. Queste bacchette le mantenevano in uno stato costante di equilibrio e allineamento grazie alla composizione minerale delle bacchette.

Esistono dieci tipi diversi di aste. Ogni set di bacchette è specifico per la capacità energetica di persone diverse, in base alla frequenza e alla vibrazione con cui si allineano. Tenere in mano un set di bacchette per soli cinque minuti apre i meridiani e riequilibra i chakra, permettendo all'energia di fluire facilmente in tutto il corpo. Si stima che per ottenere i benefici che si sperimentano in questi cinque minuti sarebbe necessaria una seduta di agopuntura di 30 minuti.

Il set di bacchette comprende una bacchetta del sole in rame o oro e una bacchetta della luna in zinco o argento. L'asta del sole contiene l'energia maschile ying, mentre l'asta della luna contiene l'energia femminile yang.

Quando viene usata da un individuo per raggiungere l'equilibrio, la verga del sole viene posta nella mano destra e quella della luna nella mano sinistra. Il risultato è che l'energia ristoratrice fluisce attraverso il corpo della persona che tiene le bacchette.

Quando vengono utilizzate da un operatore come un guaritore reiki, le bacchette possono essere dirette verso il paziente per consentire la sessione di guarigione energetica. Mentre l'operatore muove le bacchette sul paziente, un'altra serie di bacchette può essere tenuta tra le mani del paziente per aumentare il flusso di energia. La seduta può anche svolgersi con il solo operatore che porta le bacchette di guarigione.

Le bacchette possono essere utilizzate quotidianamente per un periodo compreso tra 10 e 20 minuti. È stato dimostrato l'effetto positivo di tenere queste bacchette per incanalare l'energia attraverso il corpo. Oltre ad aumentare la sensazione di essere centrati e radicati, l'uso delle bacchette ha i seguenti benefici:

- Alleviano i sintomi della stanchezza cronica e dell'esaurimento.
- Migliorano la qualità del sonno e risolvono l'insonnia.
- Migliorano la chiarezza mentale per la meditazione, stimolando l'energia mentale e fisica.
- Regolano il sistema nervoso, eliminando i sintomi di eccessiva agitazione, movimenti ossessivo-compulsivi e tic nervosi.
- Favoriscono la crescita e il funzionamento dei nervi.
- Regolano l'ipertensione arteriosa in fase iniziale e le malattie cardiovascolari ad essa associate. Si tratta di problemi come l'arterosclerosi e l'aritmia cardiaca.
- Rafforzano il sistema nervoso.
- Eliminano i sintomi di stress e depressione dall'organismo.
- Hanno un impatto positivo sul sistema endocrino.
- Migliorano le condizioni del sistema escretore. Riducono la probabilità che si verifichino infezioni ai reni, sindrome dell'intestino irritabile e infezioni alla vescica.

Nonostante tutti gli effetti positivi delle barre, è necessario sapere che ci sono circostanze in cui non devono essere utilizzate. Le persone che non dovrebbero usare le bacchette sono le seguenti:

- coloro che sono sotto l'effetto di droghe ricreative
- i bambini
- Chi fa uso di pacemaker
- Chi è incinta
- Chi ha la pressione bassa
- Persone con gravi problemi di salute mentale come la schizofrenia

L'uso delle bacchette curative è stato combinato con altri metodi di guarigione, come il Reiki e la guarigione Sekhem, per trasferire i benefici del potere delle bacchette a una persona malata. Entrambi questi metodi accedono all'energia universale per trasferirne i benefici al paziente. Se usati insieme alle bacchette curative, gli effetti del trasferimento di energia sono amplificati. Le bacchette possono anche essere utilizzate dagli operatori per ricaricare la propria energia tra una seduta e l'altra con clienti diversi.

TOCCARE I PUNTI MERIDIANI DELL'ENERGIA

Gli antichi Egizi avevano una solida conoscenza dell'energia all'interno del corpo. Sebbene questa tecnica non sia nata direttamente dalla loro cultura e sia stata introdotta solo negli ultimi anni, rimane comunque uno strumento incredibilmente potente per accelerare la crescita interiore e personale di coloro che intraprendono un cammino spirituale.

Utilizzando la tecnica del tapping energetico per eliminare blocchi energetici e traumi, sarà molto più facile vivere secondo le leggi di Ma'at, essere in sintonia con la natura e accelerare la propria crescita spirituale. È una tecnica facile che si può fare letteralmente ovunque e non richiede strumenti o attrezzature particolari.

La maggior parte di noi vive in un ambiente stressante, che può essere aggravato dalla mancanza di controllo e dall'incertezza. Questo può generare sentimenti di ansia per molti fattori, soprattutto quando guardiamo i telegiornali, perché non possiamo controllare la narrazione. Trovarsi in condizioni di stress dà origine all'adrenalina, l'ormone della lotta o della fuga che il nostro corpo rilascia quando prepara la sua risposta primitiva al pericolo. Tuttavia, senza uno sfogo per questi ormoni e con una continua stimolazione negativa da parte dell'ambiente, possiamo rischiare di accumulare ulteriore stress nel nostro corpo.

Per contrastare gli effetti delle emozioni negative, è possibile agire direttamente sui meridiani energetici (canali energetici) del corpo per ridurre la quantità di adrenalina e cortisolo nell'organismo. Questa tecnica funziona in modo simile all'agopuntura e alla digitopressione, ma consiste nel picchiettare con la mano su diversi punti della testa, del viso e del corpo, insieme ad affermazioni parlate (o anche silenziose). Funziona concentrandosi su varie aree dei meridiani energetici che si collegano a diversi organi del corpo. Gli organi a cui si collegano gli esercizi di tapping contengono le emozioni del corpo, come rabbia, stress, ansia o tristezza. Questo metodo funziona per elaborare le emozioni e ridurre i livelli di accumulo ormonale nel corpo. Si riduce anche l'impatto che lo stress ha sul resto del corpo. In poche parole, si riesce ad accedere alla mente subconscia, a rimuovere i traumi, le convinzioni limitanti e ciò che non serve più. È quindi possibile sostituire questa programmazione obsoleta con un modo aggiornato di operare nel mondo, che vi serve di più e si allinea con il vostro scopo superiore. Le persone hanno persino utilizzato questa tecnica per eliminare la paura dei ragni, di volare, di guidare e di andare nei parchi a tema, tra le altre cose. È davvero così facile da fare e non ci sono limiti ai soggetti che può curare.

PUNTI DI PICCHIETTAMENTO

Sono stati identificati nove punti di picchiettamento.

1. Il primo punto di picchiettamento è il punto di contatto nel karate. È abbreviato in KC. Si trova sul lato di ogni mano. Per localizzarlo, individuare la parte carnosa della mano che si trova appena sotto il mignolo e sopra il polso. Questo punto si collega all'intestino tenue. Aiuta a liberarsi dal lutto, ad andare avanti e a trovare la gioia nel momento presente.
2. Il secondo punto di picchiettamento è il sopracciglio. È abbreviato in EB. Per localizzare questo punto, tracciare il dito intorno all'osso che delimita l'orbita oculare. Il punto in cui quest'osso incontra le sopracciglia è il punto da picchiettare. Questo punto si collega alla vescica. Allevia i traumi, la tristezza e la sensazione di essere feriti, consentendo la guarigione emotiva e la pace interiore.
3. Il terzo punto di picchiettamento è il lato dell'occhio. È abbreviato in SE. Si trova sull'osso vicino al punto in cui si incontrano le palpebre superiori e inferiori. Questo punto si collega alla cistifellea. Picchiettando

questo punto si favorisce la chiarezza e la compassione, liberando la rabbia e il risentimento.

4. Il quarto punto di picchiettamento si trova sotto l'occhio. È abbreviato in UE. Per entrambi gli occhi, si trova al centro dell'osso direttamente sotto l'occhio. Questo punto si collega allo stomaco. Rilascia le sensazioni di paura e ansia, consentendo calma, appagamento e senso di sicurezza.

5. Il quinto punto di picchiettamento si trova sotto il naso. È abbreviato in UN. Si trova nella zona sotto il naso e sopra il labbro superiore. Si collega al punto del meridiano del Vaso Governatore. Il picchiettamento su questo punto aiuterà ad alleviare i sentimenti di impotenza, vergogna, dolore, imbarazzo e paura di fallire, promuovendo al contempo l'accettazione di sé, il rafforzamento di sé e la compassione.

6. Il sesto punto di picchiettamento è il punto mento. È abbreviato in CP. Si trova nella rientranza sotto il labbro inferiore, nella parte superiore dell'area del mento. Questo punto si collega al meridiano centrale e aumenta la capacità di accettazione di sé, la fiducia, la certezza, la chiarezza e la sicurezza.

7. Il settimo punto di picchiettamento è la clavicola. È abbreviato in CB. Se muovete il dito lungo la clavicola, troverete un punto in cui essa fa una leggera rientranza prima di sollevarsi per creare la parte superiore della forma a V che incontra lo sterno. In questo punto, muovete le dita verso il basso fino a sentire la parte superiore dell'osso della prima

costola. Tra la clavicola e la costola si trova il punto del meridiano CB. Si trova sia sul lato destro che su quello sinistro del corpo. Questo punto si collega ai reni. Aiuta ad andare avanti, riducendo la sensazione di blocco, e aumenta la fiducia e la chiarezza.

8. L'ottavo punto di picchiettatura è l'ascella. È abbreviato in UA. Si trova a circa quattro centimetri sotto l'ascella. Questo punto si collega alla milza. Aiuta a gestire i sensi di colpa, le preoccupazioni, le ossessioni, le indecisioni e le critiche.
9. Il nono punto di picchiettamento è il punto superiore della testa. È abbreviato in TOH. Si trova al centro della sommità della testa, se la si guarda dall'alto. Questo punto si collega a più punti energetici e al chakra della corona. Aiuta la connessione spirituale, la chiarezza, l'intuizione e la saggezza.

Per eseguire la tecnica di picchiettamento:

1. 1 Trovate un luogo tranquillo dove non siate distratti da altre attività mentre eseguite l'esercizio.
2. Chiudete gli occhi e fate un respiro profondo, poi espirate. Ricordate la situazione che vi fa sentire ansiosi (o qualsiasi altra emozione o situazione su cui volete lavorare).
3. Mentre percepite le sensazioni, considerate il livello di disagio che provate. Assegnate ad esso una misura di disagio compresa tra uno e dieci. Potete rivedere il vostro livello di disagio dopo aver fatto un giro completo di tapping per determinare se c'è

stato un miglioramento. Se non ci sono miglioramenti dopo un solo giro, si può ripetere il processo dall'inizio.

ESERCIZIO DI TAPPING

Concentratevi solo su un problema stressante per ogni sessione. Picchiettate sui punti dei meridiani, con due dita per le aree più piccole o con quattro dita per coprire le aree più grandi. Il processo richiede meno di dieci minuti.

Picchiettate delicatamente da sette a dieci volte su ciascuno dei punti meridiani, facendo un profondo respiro addominale ad ogni nuovo punto meridiano. Durante il processo, usate la vostra intuizione per guidare la vostra attenzione. Se sentite il bisogno di picchiettare più a lungo su un certo punto del meridiano, seguite la vostra guida interiore, perché questo faciliterà il vostro processo di guarigione.

Per iniziare, picchiettate sul punto di contatto del colpo di karate o karate chop, mentre eseguite le affermazioni che seguono. Questa è la fase di preparazione. Durante questa fase, potete fare un'affermazione che è una dichiarazione di due affermazioni. La prima affermazione consiste nel riconoscere il problema. La seconda affermazione consiste nell'accettare se stessi e lasciare andare il problema. Scegliete dall'elenco sottostante un'affermazione che ritenete in linea con ciò che state provando e ripetetela mentre picchiettate ciascuno dei punti dei meridiani. Le affermazioni sono state ordinate in base ai punti chakra generali del corpo. Potete quindi scegliere un'affermazione che si rivolge all'area del vostro corpo che è più disallineata rispetto al resto del corpo.

SPIRITUALITÀ KEMETICA

Dichiarazione per il vostro Chakra della radice:
Anche se sono sopraffatto, scelgo di rilassarmi e di sentirmi al sicuro sapendo che Geb mi sostiene.

Dichiarazione per il vostro Chakra Sacrale:
Anche se non mi sento apprezzato, scelgo di apprezzarmi e di permettere a Geb di guidarmi nell'esprimere le mie emozioni.

Affermazione per il vostro chakra del plesso solare:
Anche se mi sento impotente, scelgo di sentirmi sicuro di me stesso. Lo faccio sapendo che Auset permette alla mia personalità di risplendere, mentre Het-Heru mi fornisce energia sessuale e solare e Sebek rafforza la mia capacità di comunicare chiaramente.

Dichiarazione per il Chakra del cuore:
Anche se sto sperimentando l'ansia, scelgo di amarmi e accettarmi profondamente. Heru mi dà la volontà di amare e accettare me stesso. Questo è in accordo con la legge divina di Ma'at e viene applicato da Heru-Khuti.

Dichiarazione per il Chakra della Gola:
Anche se mi sento insicuro, scelgo di esprimere il mio vero sé. Lo faccio attraverso il potere creativo di Sekhem che risiede in me.

Dichiarazione per il Chakra del Terzo Occhio:
Anche se mi sento incerto, scelgo di fidarmi della mia intuizione. So che il potere intuitivo di Djehuti risiede in me.

Affermazione per il Chakra della Corona:
Anche se mi sento poco creativo, scelgo di ricevere l'ispirazione. La ricevo da Ausar, che controlla tutti gli eventi della mia vita.

Dopo aver completato la fase di impostazione, picchiettate a turno attraverso ciascuno dei punti dei meridiani. Pensate al problema e lasciatelo andare.

Affermazioni conclusive

Ora fate un secondo giro di picchiettamento attraverso i punti dei meridiani mentre pronunciate le seguenti affermazioni:

- È sicuro lasciar andare questo problema.
- Sono aperto a rilasciare questo problema.
- Trovo pace nel mio corpo.
- Sono forte, radicato e sicuro in ogni cellula del mio corpo in questo momento.

Una volta terminato il processo, ripensate alla situazione fastidiosa e misurate i vostri livelli di disagio su una scala da uno a dieci, come avete fatto in precedenza. Se i livelli di disagio non sono ancora diminuiti dopo aver picchiettato su tutti i punti dei meridiani, ripetete l'esercizio dall'inizio.

TECNICA DI GUARIGIONE ENERGETICA SEKHEM

La parola Sekhem significa "Energia vitale". Questa energia è generata dalla mescolanza di Shu e di Tefnut ed è ciò che sostiene tutti gli esseri viventi. Questa è l'energia vitale con cui ci impegniamo quando facciamo la guarigione energetica Sekhem. Questo avviene interagendo con i chakra dell'anima e della terra. Si tratta di chakra aggiuntivi rispetto ai sette chakra principali che abbiamo esaminato in precedenza. Il chakra dell'anima si trova a circa 12 pollici sopra la testa e memorizza le informazioni relative a tutte le esperienze della vita. Il chakra della terra si trova a 12 pollici sotto i piedi. Vi collega all'energia terrestre e, quindi, alla natura e al Neteru.

METODO

Il Sekhem Healing incanala l'energia attraverso questi chakra e i meridiani energetici del corpo, usando le mani del guaritore e gli strumenti che può usare, come le bacchette, come mezzo di trasferimento dell'energia. La canalizzazione dell'energia attraverso i meridiani assicura un flusso di energia uguale in tutto il corpo. Il processo sblocca i chakra eventualmente bloccati o in fase di drenaggio. Una volta sbloccati tutti i chakra, la piena vitalità viene mantenuta o viene restituita al corpo.

Come fonte di energia, Shekem utilizza l'energia della stella Sirio, che tra l'altro era indicata dagli antichi egizi come la casa delle anime defunte. Sirio è anche conosciuta come la stella del cane, un luogo a cui i Dogon dell'Africa occidentale facevano riferimento anche prima che l'astronomia moderna avesse creato telescopi abbastanza potenti da identificarla nel cosmo. Oltre a Sirio, Sekhem convoglia anche l'energia di Lemuria e Orione.

Se si desidera beneficiare della guarigione energetica Sekhem, si raccomanda di trovare un operatore che abbia studiato questo metodo di guarigione. Il metodo utilizza tecniche e simboli specifici, conosciuti dall'operatore, per attivare i diversi chakra e richiamare le energie terrestri e stellari necessarie.

Il guaritore utilizza i simboli di Sekhmet. Si tratta di simboli multidimensionali disegnati nell'aria su ogni chakra interessato. Questi simboli servono a guidare l'energia dei sistemi stellari verso le aree interessate. Invocano specifiche energie cosmiche per favorire il processo di allineamento e di guarigione.

Durante la sessione di guarigione Sekhem, è normale che sia il guaritore che l'iniziato da guarire, sperimentino un'interazione con il mondo spirituale. Ciò può avvenire sotto forma di flash di immagini, colori, antenati o alcuni dei e dee dell'antica Kemet. Questi appaiono durante la seduta per fornire supporto e guida durante il processo. Per il guaritore, lo guidano verso l'identificazione delle aree che necessitano di maggior lavoro e, quindi, di una maggiore concentrazione per facilitare il processo di guarigione. Per l'iniziato che si sottopone al processo di guarigione, la guida serve a determinare la direzione della propria vita per raggiungere l'equilibrio e vivere in Ma'at.

Dopo una seduta di guarigione, se avete avuto dei flash di dei e dee, impegnatevi attivamente con loro. Fate delle ricerche per scoprire cosa rappresentavano questi dei e queste dee nel corso della loro vita (troverete una grande quantità di informazioni in queste pagine). Di quali aree della vita si occupavano e quali sfide dovevano superare. In seguito, esaminate la vostra vita alla ricerca di analogie e vedete quali insegnamenti possono essere applicati. Può darsi che siano apparsi per guidarvi o per darvi forza in una particolare area della vostra vita.

La sessione si conclude con il radicamento dell'energia del paziente. Questo viene fatto per garantire che il paziente rimanga a terra anche dopo la seduta. Altri metodi di guarigione energetica che non integrano questa fase a volte lasciano i pazienti storditi dopo il processo, perché i loro chakra rimangono esposti alla stimolazione esterna. Per evitare ciò, Sekhem mette a terra l'energia dell'iniziato sia prima che dopo ogni seduta.

IMPATTO

Grazie alla sua connessione con il chakra dell'anima, la guarigione energetica di Sekhem ha un effetto benefico che va oltre il corpo fisico e oltre il tempo attuale. Essa porta a un livello di coscienza più elevato e rimuove i blocchi energetici che si verificano come risultato di eventi passati. Pertanto, nei casi in cui le persone possono soffrire degli effetti prolungati di traumi avvenuti in passato, la guarigione Sekhem è un buon strumento da utilizzare per affrontare e superare questi traumi passati.

La guarigione di Sekhem ha benefici emotivi positivi che sono percepibili dalle persone con cui si interagisce quotidianamente. Dopo la sessione di guarigione energetica di Sekhem, è probabile che le persone intorno a voi osservino un cambiamento dei modelli di comportamento dovuto alla vostra maggiore consapevolezza. Pertanto, l'impatto di una sessione di guarigione di Sekhem può essere percepito per settimane dopo la seduta. Se i blocchi energetici che sono stati rimossi erano presenti nel corpo da molto tempo, la seduta potrebbe cambiare la vita. L'individuo sarà in grado di affrontare la vita con una prospettiva diversa e un'energia rinnovata. Questo può modificare la proiezione della vita in modo positivo. Poiché l'anima porta con sé i ricordi delle vite precedenti, può accadere che l'energia da ripulire sia stata trasportata da una vita precedente. Questa energia residua sarà accessibile per la pulizia attraverso il Sekhem Healing grazie all'interazione con il chakra dell'anima.

L'impegno con il chakra della terra e il Neteru comporta un maggiore coinvolgimento con gli antenati e gli spiriti guida. Questi ultimi possono manifestarsi anche durante la seduta, sia come flash momentanei che come presenza costante per tutta la durata della seduta. Con la guarigione Sekhem, ci si aspetta che questi spiriti guida abbiano la forma di Sekhmet o Bastet. Potrebbero anche provenire da un altro rappresentante dei cinque pantheon che si occupano della salute, come Heka, Auset, Serket e Ta-Bitjet.

SEKHMET

Ci si aspetta che l'energia di Sekhmet venga percepita durante le sedute di guarigione, poiché Sekhem è l'energia utilizzata nei templi di guarigione. Questa energia di guarigione rientra nel dominio di Sekhmet. Sekhmet, il cui nome significa "la potente", è la dea della guarigione ed era la patrona dei templi di guarigione nell'antica Kemet. I sacerdoti e le sacerdotesse di questi templi curavano i disturbi fisici e spirituali con l'energia di Sekhmet. Sekhmet è una forza che continua a guidare i guaritori anche oggi. Coloro che svolgono i ruoli che venivano svolti dai sacerdoti e dalle sacerdotesse dei templi di guarigione ai tempi dell'antica Kemet spesso invocano Sekhmet nelle sue varie forme per guidarli nelle loro sedute di guarigione. Sekhmet assume anche altre forme, come Bastet e Hathor. Ogni forma che assume rivela un lato diverso della sua personalità e porta con sé elementi diversi. Come Bastet, è una protettrice degli individui e delle famiglie. Li protegge dalle malattie e dagli spiriti maligni, infondendo loro salute e fertilità. Come Hathor, è la protettrice delle donne e la dea della maternità.

I PANTHEON DELLA SALUTE

Secondo le pratiche dell'antica Kemet, ci sono cinque pantheon responsabili della nostra salute. Si tratta di Sekhmet, Heka, Serket, Ta-Bitjet e Auset. Abbiamo già parlato della testa di leone Sekhmet e del suo ruolo di patrona dei sacerdoti e delle sacerdotesse della guarigione. Ha la capacità di portare guarigione e fecondità, pur mantenendo la capacità di portare pestilenza e distruzione. Pertanto, la sua capacità di infliggere pestilenze le conferisce una comprensione della malattia e di come rimuoverla, proprio come la sua capacità di distruzione le consente di costruire.

HEKA

Il prossimo pantheon della nostra lista è Heka, il dio della magia e della medicina. Indossa un elmo da cui sembrano uscire due braccia sollevate. Porta un bastone con due serpenti intrecciati. Il suo bastone è sopravvissuto attraverso il tempo e le culture per diventare un moderno simbolo della medicina. La magia era parte integrante dell'antico Egitto, anche oltre la morte. Coloro che non avevano fiducia nella loro capacità di sopravvivere alla pesatura delle loro anime contro le 42 leggi di Ma'at, si assicuravano di imparare abbastanza magia da poter superare la prova. Ciò rendeva Heka un aspetto importante della vita e dell'aldilà, in quanto Heka era responsabile della magia. Tuttavia, la magia non era importante solo per accedere all'aldilà. La presenza di Heka era pervasiva nell'antica Kemet, poiché la magia faceva parte della vita quotidiana, anche per i vivi. La conoscenza e l'uso della giusta combinazione di parole sono parte integrante, poiché la magia viene trasmessa sotto forma di parole, sia scritte che parlate. Anche l'aldilà era ricco di magia. Qui, coloro che non erano riusciti a raggiungere l'equilibrio attraverso le 42 leggi di Ma'at usavano incantesimi per aiutarli a superare la prova che dava accesso all'aldilà.

SERKET

Serket è una dea della guarigione, con un'enfasi particolare sulla guarigione dai morsi velenosi. Questa enfasi è sottolineata dallo scorpione che porta sul capo come una corona. È anche una dea della natura, degli animali, della magia e della fertilità. L'ankh che porta con sé è stato spesso identificato come un simbolo del grembo materno; è quindi appropriato che le raffigurazioni di una dea della fertilità la mostrino con in mano uno di questi.

TA-BITJET

Ta-Bitjet è una dea protettrice. Le sue aree di intervento comprendono morsi, punture, veleni e l'imene. La sua metodologia comprende l'uso di incantesimi e l'utilizzo del sangue del proprio imene come antiveleno. Nelle raffigurazioni di Ta-Bitjet, assume la forma di uno scorpione con la testa di donna.

AUSET

Auset, conosciuta dai Greci come Iside, è la dea guaritrice per eccellenza. Ha riportato in vita il marito morto, Ausar, in diverse occasioni. La prima volta fu dopo che Ausar fu ucciso dal fratello e la sua bara fu gettata in un fiume. Quando la bara fu portata a riva, ne spuntò un albero di Djed dall'aroma attraente. L'albero fu abbattuto e trasformato in un pilastro per il re di Byblos. Nel recuperare l'albero, Iside eseguì prima il compito di guarire il figlio del re. In seguito tornò con il pilastro e liberò il marito al suo interno. Il fratello lo uccise una seconda volta. Questa volta, per buona misura, tagliò Ausar - noto anche come Osiride - in 14 pezzi e li disperse lungo il fiume Nilo. La fedele Auset raccolse tutti i pezzi che riuscì a trovare e li assemblò per la sepoltura.

Non trovando il pene, ne creò uno in modo che il marito potesse essere sepolto intero. Questa fu la seconda volta che riuscì a far nascere la vita dal corpo del marito morto. Essere sepolto intero era un requisito importante per essere accettato nell'aldilà. In questa forma intera, il marito la visitò in sogno e la ingravidò. Si noti che il marito di Auset era in forma di spirito quando l'ha ingravidata. Inoltre, poiché Ausar passava la maggior parte del tempo a cercare di sopravvivere alle trappole del fratello Set, lui e Auset non consumarono mai il loro matrimonio. Pertanto, quando lo spirito di Ausar ingravidò Auset, questa fu la prima Immacolata Concezione registrata. In seguito, altre religioni e sistemi di credenze hanno avuto resoconti simili.

Tutti questi pantheon di guarigione possono essere invocati per aiutare il processo di guarigione, soprattutto quando si ha a che fare con la specialità di una divinità, che sia la fertilità, le punture o la resurrezione di aspetti della vostra vita che sembrano morti. Nel formulare le vostre richieste, lasciatevi guidare dalle loro storie. Queste dovrebbero includere le sfide che hanno superato e le imprese impossibili che hanno compiuto durante la loro vita sulla terra. Siate consapevoli del fatto che alcuni di questi pantheon sono esistiti sul piano terrestre in un certo momento: o vi sono nati, come Auset, o sono stati inviati sulla terra a un certo punto per compiere un'impresa specifica, come Sekhmet. Se non hanno camminato sulla terra, si sono impegnati quotidianamente con gli individui comuni. È questo il caso di Heka, che è stata chiamata ad assistere in tutti gli ambiti della vita e anche nella morte.

Quando iniziate il vostro viaggio con la guarigione di Sekhem, tenete a mente i vari aspetti che la rendono così potente. Fornisce un'esperienza di guarigione olistica che va oltre i sette chakra principali, includendo l'anima e i chakra della terra. Nel coinvolgere questi chakra, l'energia deriva dal cosmo e dalla terra. Questo metodo di guarigione vi permetterà di affrontare problemi del passato e del presente. La guida intuitiva e l'intuizione ricevuta dall'energia di Sirio, dagli antenati e dai pantheon di guarigione egiziani rendono questa forma di guarigione in grado di trasformare la direzione della vostra vita.

MAAT

❧ 8 ❧
RITUALI SPIRITUALI KEMETICI QUOTIDIANI CHE POTETE INIZIARE ORA PER FAR SBOCCIARE LA DIVINITÀ

Ma'at è la dea della verità, dell'armonia, della legge e della giustizia. Viene spesso raffigurata in posizione inginocchiata, con una gamba infilata sotto il corpo e il ginocchio dell'altra gamba rivolto verso l'alto, mentre la pianta del piede corrispondente poggia a terra. Le braccia alate si allungano davanti a lei o si estendono ai lati del corpo.

La piuma di struzzo che porta sul capo è la stessa che usa per pesare le nostre anime quando passiamo dalla terra al cielo. Insieme alle sue coorti, Djehuti e Hathor, sono le sue azioni a determinare se la vita di una persona deve cessare del tutto o se può proseguire nell'aldilà.

Per questo motivo, al risveglio è bene recitare le leggi di Ma'at come proposto per la giornata. Esse dovrebbero servire come promemoria delle cose da cui ci si astiene. Alla fine della giornata, recitate nuovamente queste leggi per riflettere sulla vostra giornata e determinare se l'avete vissuta come avevate inizialmente previsto.

RECITARE LE LEGGI DI MA'AT

Le Leggi di Ma'at sono anche chiamate i 42 Principi di Ma'at. Servono come una serie di principi guida per vivere. I Dieci Comandamenti sono frutto di queste leggi.

Le 42 Leggi di Ma'at sono le seguenti:

1. Non ho commesso peccato.
2. Non ho commesso furti con violenza.
3. Non ho rubato.
4. Non ho ucciso uomini e donne.
5. Non ho rubato cibo.
6. Non ho truffato offerte.
7. Non ho rubato a Dio.
8. Non ho detto bugie.
9. Non ho portato via cibo.
10. Non ho imprecato.
11. Non ho chiuso le orecchie alla verità.
12. Non ho commesso adulterio.
13. Non ho fatto piangere nessuno.
14. Non ho provato dolore senza motivo.
15. Non ho aggredito nessuno.
16. Non sono stato ingannevole.
17. Non ho rubato la terra di nessuno.
18. Non sono stato un origliatore.
19. Non ho accusato ingiustamente nessuno.
20. Non mi sono arrabbiato senza motivo.
21. Non ho sedotto la moglie di nessuno.
22. Non mi sono inquinato.
23. Non ho terrorizzato nessuno.

24. Non ho disobbedito alla legge.
25. Non mi sono arrabbiato eccessivamente.
26. Non ho maledetto Dio.
27. Non mi sono comportato con violenza.
28. Non ho causato turbative della pace.
29. Non ho agito in modo affrettato o senza riflettere.
30. Non ho oltrepassato i limiti del mio interesse.
31. Non ho esagerato con le parole quando ho parlato.
32. Non ho lavorato male.
33. Non ho usato pensieri, parole o azioni malvagie.
34. Non ho inquinato l'acqua.
35. Non ho parlato con rabbia o arroganza.
36. Non ho maledetto nessuno con pensieri, parole o azioni.
37. Non mi sono messo su un piedistallo.
38. Non ho rubato ciò che appartiene a Dio.
39. Non ho rubato o mancato di rispetto ai defunti.
40. Non ho sottratto cibo a un bambino.
41. Non ho agito con insolenza.
42. Non ho distrutto beni appartenenti a Dio.

(Antico Egitto, n.d.)

LO STUDIO

Un modo per far crescere la propria vita spirituale è dedicare del tempo allo studio dei testi religiosi. Questi possono provenire da tutte le principali religioni del mondo. Il motivo per cui lo studio di diverse religioni vi condurrà al kemetismo è che si sospetta che queste religioni abbiano come base la religione kemetica. Potete scoprirlo da soli se studiate a sufficienza. Per esempio, una vergine che ha concepito un bambino attraverso l'immacolata concezione è una storia simile a quella di Auset, Ausar e Heru. Il mondo che viene portato all'esistenza dal suono è la storia di Ra e Nefertum. Il mondo che emerge dall'acqua in varie forme è un riflesso della roccia BenBen che emerge dalle acque del caos. Molti pensano che queste storie siano state riconfezionate e raccontate da diverse culture in tutto il mondo. Ecco perché, alla base, le storie religiose rimandano spesso a Kemet.

Potreste anche trarre beneficio dallo studio della mitologia e della religione dell'antica Kemet. Dalla lettura di questo libro avrete appreso che la conoscenza degli dei e delle dee è fondamentale per lo stile di vita kemetico. Comprendere le singole storie e le interazioni tra le divinità vi aiuterà nel vostro cammino personale e negli impegni con le altre persone. Ciò può essere fatto utilizzando la conoscenza degli archetipi che le divinità rappresentano e le aree della vostra vita che questi riflettono. Studiare le storie kemetiche insieme ad altri miti religiosi vi aiuterà a vedere la connessione tra i principi e le credenze delle principali religioni del mondo e quelle di Kemet. Potrete così capire che, anche se la religione è cambiata nel tempo, i principi centrali che guidano l'umanità sono rimasti gli stessi. Potreste rendervi conto che l'umanità continua a essere guidata dalle stesse forze di sempre. Questo dovrebbe aiutarvi a trovare un modo per identificare il metodo di culto che vi fa sentire più in linea con il divino.

Una conoscenza approfondita delle divinità vi aiuterà a individuare chi invocare di fronte alle varie sfide. Praticando la teurgia, potrete assumere gli aspetti delle divinità che vi possono aiutare a superare la sfida. Studiando la Parola di Dio nel formato in cui è disponibile, riceverete conoscenze e intuizioni a cui potrete attingere quotidianamente. Riceverete un'ulteriore guida sotto forma di pratiche religiose e rituali che ogni religione mantiene come temi centrali. Questi sono incorporati nei loro insegnamenti e riguardano atti come l'importanza di dare come contrappeso alla benedizione del ricevere. Questa è la legge di causalità e il modo in cui viene spesso insegnata è quello di incoraggiare i buoni risultati nella vostra vita creando lo stesso per gli altri.

Al centro della maggior parte delle religioni c'è l'atto della preghiera. Si tratta di comunicare o invocare il divino per ottenere assistenza nel raggiungimento degli obiettivi di vita. Questo è il principio del mentalismo in azione: ci si connette con il divino a livello mentale. Quando lo fate, comandate il potere di muovere gli atomi, i mattoni della creazione, in modo da garantire il raggiungimento dei vostri obiettivi. Quanto più riuscite a fermare la vostra mente attraverso pratiche come la meditazione, tanto maggiore sarà la vostra capacità di utilizzare la preghiera come risorsa per far nascere le circostanze e le persone che vi indirizzeranno verso il passo successivo, necessario per realizzare il desiderio che vi siete prefissati.

L'esistenza del bene e del male nel mondo è rappresentata in diverse religioni, così come il modo in cui il male può essere superato dal bene. Quando questi vengono personificati in individui buoni e malvagi, il principio della polarità viene spiegato in modo pratico e comprensibile per la mente media.

Per questo motivo, le religioni vi infondono una prima comprensione del modo in cui le divinità possono operare nella vostra vita. Inoltre, forniscono un mezzo pratico per incorporare le Leggi Ermetiche nelle attività quotidiane. Questi mezzi sono le attività di sensibilizzazione della comunità, le donazioni all'istituzione religiosa e ad altre istituzioni e l'insistenza sulla preghiera e sul rituale come parte integrante della vostra vita. Queste Leggi Ermetiche sono una parte importante per vivere in armonia con la creazione e per progredire nella realizzazione dei propri obiettivi.

MANGIARE PULITO

Cercate di seguire una dieta che abbia intrappolato l'energia del sole sotto forma di foglie verdi e cibi colorati ricchi di anticorpi. Ciò significa che la vostra dieta deve essere il più possibile basata su alimenti naturali e non raffinati. Quando si consumano troppi alimenti raffinati, il cibo è difficile da digerire. I prodotti di scarto di questi alimenti fanno fatica a essere espulsi dal corpo, causando un blocco energetico e potenziali rischi per la salute dovuti al blocco del chakra sacrale. D'altra parte, una dieta a base di piante fornisce la massima quantità di nutrimento al corpo e offre benefici per la salute, tra cui la capacità di concentrarsi maggiormente durante l'esercizio meditativo grazie alla minore energia spesa nel processo digestivo.

Incorporare rituali spirituali quotidiani vi permetterà di rimanere concentrati sullo scopo della vostra vita. I rituali spirituali possono includere attività come l'accensione di candele e incenso, la recita di preghiere, lo yoga e la meditazione quotidiani. I richiami quotidiani che si verificano durante le preghiere e la pratica meditativa vi aiuteranno a vivere in allineamento con le leggi di Ma'at. Ciò avverrà quando metterete la vostra mente in allineamento con la coscienza universale e praticherete principi che sfruttano le leggi ermetiche.

MEDITAZIONE

La meditazione è un metodo utilizzato per concentrare la mente. La capacità di focalizzare chiaramente la mente è essenziale per raggiungere gli obiettivi della vita. Permette di eccellere verso i propri desideri anche in mezzo a situazioni di distrazione. È anche un'abilità che permette di sintonizzarsi con gli elementi della divinità che ci circondano. Permette quindi di essere consapevoli e di rispondere agli indizi e agli stimoli che potrebbero essere i modi in cui gli dei e le dee cercano di trasmettervi un messaggio. Senza la concentrazione e la consapevolezza che la meditazione porta nella vostra vita, potreste avere difficoltà a impegnarvi nelle attività essenziali per la teurgia e a vivere in modo da allinearvi continuamente con la divinità.

Prendetevi del tempo ogni giorno per liberare la mente e permettere alla saggezza divina di ispirarvi. Incorporate nella vostra pratica meditativa lo yoga e alcuni esercizi di guarigione dei chakra. Questi possono assumere la forma di affermazioni e assicurano che i chakra del vostro corpo rimangano puliti. I chakra completamente allineati permettono di vivere una vita il più possibile equilibrata e sana. La pulizia della mente che la meditazione offre crea una piattaforma per l'arrivo dell'ispirazione divina nella vostra vita. È possibile ricevere nuovi messaggi solo quando la mente non è piena di pensieri caotici provenienti dalla vita quotidiana. Concentrarsi in questo modo vi permetterà di avere un rinnovato vigore e un senso di scopo nell'affrontare le vostre attività quotidiane.

La meditazione porta alla quiete della mente. Pertanto, la consapevolezza è un aspetto importante della meditazione. Si può praticare concentrandosi su un oggetto visivo, un suono o un'immagine mentale. Anche il lavoro sul respiro è importante per la meditazione. Vi presenterò alcuni esercizi che incorporeranno un po' di lavoro sul respiro e si concentreranno su diversi aspetti. Ogni esercizio sarà introdotto per uno scopo specifico e potrà essere adattato alle vostre esigenze.

MEDITAZIONE PER CREARE

È meglio fare questa meditazione quando si è all'inizio o nel mezzo di un progetto creativo. Si può anche usare come modo per iniziare la giornata. Permette di attingere al flusso universale della coscienza creativa, in modo da poterlo sfruttare per la propria creatività. Vi permette di capire come il processo universale che crea le grandi galassie sia lo stesso che crea i piccoli fiori. Una volta compreso questo concetto, potrete applicarlo nella vostra vita di creatori. Questo vale per tutte le forme di creatività, che si tratti di un'opera d'arte, di musica, dell'assemblaggio di una sedia o di un programma per computer. Per creare qualcosa di efficace, è necessario accedere all'energia creativa che risiede in ognuno di noi.

Prima di dedicarsi a questo semplice ma efficace esercizio meditativo, è utile imparare la tecnica della respirazione a scatola. Si chiama respirazione a scatola perché l'inspirazione e l'espirazione hanno la stessa lunghezza. Anche il trattenimento del respiro ha una lunghezza simile su entrambi i lati di queste due azioni. Questo rende il processo di respirazione simile al disegno di un quadrato o di una scatola con il respiro. Per eseguire questa tecnica, inspirare per quattro secondi, quindi trattenere il respiro per quattro secondi. Successivamente, espirate per quattro secondi e tenete il respiro espirato fuori dai polmoni per quattro secondi prima di inspirare di nuovo. Ripetete l'esercizio di respirazione a scatola chiusa prima di passare alla sezione successiva. Anche in questo caso, inspirate per quattro secondi, trattenete per quattro secondi, espirate per quattro secondi e trattenete per quattro secondi. Una volta perfezionata la tecnica della respirazione a scatola, si può passare all'aspetto di visualizzazione dell'esercizio di meditazione. Mentre visualizzate, continuate a fare l'esercizio di respirazione a scatola.

Sedetevi a gambe incrociate sul pavimento con le mani rilassate l'una nell'altra in grembo. Immaginate il processo di creazione mentre il Nefertum sedeva sul Loto, pronunciando le parole della creazione accanto a Ra. Inspirando ed espirando, immaginate questo potere di creazione e immaginate di partecipare a questo processo. Immaginate nuove galassie che nascono mentre le pronunciate, mentre allo stesso tempo un fiore si forma sullo stelo di una pianta. Il fiore forma un bocciolo e cresce fino alla piena fioritura, mentre la nuova galassia viene creata. Inspirate ed espirate con la tecnica della respirazione a scatola, attingendo al potere di creazione che risiede in voi. Per cinque minuti, mantenete questo aspetto di delicatezza utilizzando la tecnica della respirazione a scatola e immaginando il processo di creazione. Se non riuscite a mantenere l'attenzione per cinque minuti, mantenetela il più a lungo possibile, aumentandola. Se riuscite a mantenere l'attenzione per più di cinque minuti, siete incoraggiati a farlo, perché questo aumenta la vostra capacità di allinearvi con il divino.

MEDITAZIONE SULLA GIOIA

Trovate una posizione comoda, che sia seduta a gambe incrociate sul pavimento o sdraiata sulla schiena. Chiudete gli occhi e lasciate che la testa cada leggermente in avanti in una posizione rilassata. Inspirate profondamente attraverso il naso per consentire al respiro di spingere lo stomaco in fuori. Quando ciò accade, sappiate che state respirando dal diaframma. Espirate delicatamente attraverso il naso o la bocca, spingendo tutta l'aria fuori dai polmoni prima di fare un'altra inspirazione profonda. Mentre siete seduti in questa posizione rilassata, inclinate la testa da un lato all'altro, permettendo al lato destro del collo di allungarsi mentre inclinate la testa verso il lato sinistro. Respirate profondamente in questa posizione ed espirate prima di inclinare la testa verso destra, in modo che il lato sinistro del collo si senta allungato.

Ora che siete completamente rilassati, tornate con la mente a un momento in cui avete riso in modo incontrollato. Forse anche un momento in cui avete riso così tanto da piangere. Cosa stava succedendo in quel momento? Con chi eravate? Che cosa vi ha fatto ridere così tanto? Quale attività fisica avevate svolto prima di quel momento, se ne avevate svolta una? Che cosa avete fatto dopo? Riuscite a ricordare i suoni, gli odori e i sapori di quel giorno? Quando ripensate a quel giorno, cosa vedete nella vostra mente? Lasciate che i muscoli si rilassino mentre ricordate queste sensazioni e come vi ha fatto sentire per l'occasione. Se vi viene da sorridere al ricordo, sorridete pure. Se il racconto di una barzelletta nel modo in cui è stata pronunciata vi fa ridere di nuovo, concedetevi la libertà di ridere. Sentite l'emozione nel petto mentre continuate a inspirare ed espirare, ricordando il momento. Sentite la libertà di quel momento in cui avete riso con tanta gioia. Continuate a respirare mentre cercate di ricordare quanti più dettagli possibili di quel momento.

Riconoscete che questo particolare momento sarà sempre con voi e che per provare di nuovo quelle sensazioni basta chiudere gli occhi e ricordare. Sapendo questo, pensate ancora una volta a quel momento, permettendovi di sentire la gioia che avete provato e le risate che hanno pervaso il vostro essere. Continuate a respirare mentre vi godete la sensazione. Quando siete pronti a uscire dal momento, sollevate il mento in modo che il viso sia diretto davanti a voi. Ora sollevate le braccia da entrambi i lati fino a portare le mani sopra la testa. Lasciate che i palmi delle mani si tocchino delicatamente. Inspirate ed espirate delicatamente. Ripetete il processo di inspirazione ed espirazione, assicurandovi di respirare profondamente. Ora aprite gli occhi e preparatevi ad affrontare la giornata con gioia interiore.

MEDITAZIONE PER MA'AT

È una buona meditazione da fare nei momenti in cui vi sentite leggermente fuori controllo o come se non foste in sintonia con il mondo circostante.

Sedetevi con la schiena dritta, a terra o su una sedia. Appoggiate le mani sulle ginocchia e chiudete gli occhi. Fate un respiro profondo e, mentre espirate, pensate alla parola "equilibrio". Inspirate di nuovo e questa volta, quando espirate, pensate alla parola "armonia". Ripetete il processo, usando le parole "pace", "giustizia" e "ordine" come argomenti su cui concentrarvi a ogni espirazione. Equilibrio, armonia, pace, giustizia, ordine. Dedicate dieci minuti alla contemplazione di queste parole e al significato che ciascuna di esse ha per voi. Trascorsi i dieci minuti, stendete le braccia ai lati del corpo. Ruotate il busto verso sinistra e poi verso destra. Aprite gli occhi e uscite dallo stato contemplativo.

MEDITAZIONE PER IL RINNOVAMENTO E IL BENESSERE

Fate questa meditazione quando vi sentite svuotati di energia. Ci ricorda che possiamo rinnovare i nostri livelli di energia se ci prendiamo del tempo per riposare. Per l'esercizio si utilizzano due posizioni yoga. La prima posizione yoga è Khepri, lo scarabeo. Per assumere questa posizione yoga, inginocchiatevi mentre siete seduti sulle cosce. Inspirare profondamente ed espirare. Piegatevi in avanti, usando le mani per sorreggervi. Abbassate il corpo a terra finché la fronte non tocca il pavimento e le braccia sono tese in avanti con i palmi rivolti verso il basso. Mentre vi sdraiate in questa posizione, considerate il rinnovamento dello scarabeo che avviene da millenni. Ogni anno, quando il fiume Nilo esonda, lo scarabeo scava in profondità nel terreno. Quando le acque si ritirano, lo scarabeo emerge rinnovato. Mentre siete sdraiati in questa posizione, scavate in profondità in voi stessi scrutando mentalmente tutto il corpo, dai piedi alla testa. Fatelo per tre volte, osservando come vi sentite lungo tutti i punti meridiani del corpo. Dopo averlo fatto per tre volte, concentratevi sul chakra del plesso solare.

Mentre inspirate ed espirate, considerate come la vostra respirazione diaframmatica stia fornendo energia e ossigeno a questo chakra. Vedete questa energia crescere come una palla gialla che si espande fino a riempire tutto il vostro corpo di luce gialla. Quando vi sentite rinnovati, usate i palmi delle mani per spingere il corpo verso l'alto e sedetevi sui fianchi. Riposate con i palmi delle mani sulla sommità delle cosce per qualche minuto.

A questo punto, alzatevi e mettetevi in piedi per dedicarvi all'aspetto confortevole della meditazione.

In piedi, con i piedi alla larghezza delle spalle. Sollevate le braccia sui fianchi in modo che siano distese all'altezza delle spalle. Fate oscillare entrambe le braccia all'indietro durante l'inspirazione. Ora portate le braccia in avanti espirando. Mentre lo fate, immaginate che Aset sia in piedi dietro di voi, rispecchiando i vostri movimenti. Quando le mani raggiungono la parte anteriore del corpo, lasciate che un braccio attraversi il corpo sotto l'altro braccio, in modo che le mani non si tocchino. Al contrario, il movimento delle mani deve essere continuo, dalla parte anteriore del corpo ai lati del corpo, mentre si inspira ed espira. Ripetere l'esercizio di movimento e respirazione per cinque volte.

Successivamente, portate le braccia in avanti e incrociatele davanti a voi in un abbraccio. Chiudete gli occhi e immaginate che Aset continui a rispecchiare i vostri movimenti e a stringervi in un abbraccio. In questa posizione, inspirate ed espirate per cinque volte. Ringraziate Aset, aprite gli occhi e lasciatevi andare al resto della giornata.

PREGHIERA KEMETICA

La preghiera è una conversazione con Dio in un modo che prevede che Dio riceva il messaggio e risponda a ciò che viene proposto. Le risposte possono essere sotto forma di una voce udibile, di una visione, di un sogno, di un evento o di una serie di coincidenze che si allineano con la risposta cercata nella preghiera.

La preghiera teurgica è qualcosa di più. Quando pratichiamo la teurgia, cerchiamo di elevare il nostro spirito per allinearlo a quello degli dei e delle dee. Quando cerchiamo soluzioni ai nostri bisogni spirituali, cerchiamo di incarnare le figure di quegli dei e di quelle dee che hanno la conoscenza e le risposte che cerchiamo. È in questo modo che cerchiamo di crescere spiritualmente. La pratica della teurgia consiste nel creare una stretta relazione con le divinità attraverso l'uso di parole, elementi fisici e movimenti del corpo associati a specifiche divinità. Questo può avvenire sotto forma di movimenti di yoga specifici, pronuncia di parole specifiche o nomi di divinità e rituali come l'accensione di candele o incenso per creare un'atmosfera spirituale. Questo ci permette di impegnarci direttamente con le divinità e di incarnarle attraverso la combinazione di elementi, azioni e parole per creare rituali specifici per aprire la strada all'allineamento con loro e all'illuminazione dentro di noi.

Pertanto, quando si pratica la spiritualità kemetica, l'atto della preghiera va oltre la scelta di una selezione di parole in un ordine specifico. Anche se le parole rimangono una parte della pratica, la preghiera kemetica richiede un maggiore contributo da parte vostra, in quanto vi richiede di essere più in sintonia con lo spirito divino che desiderate coinvolgere o incarnare. Quando siete in sintonia con quella divinità o cercate di esserlo, userete la conoscenza della vostra ricerca per aiutarvi nel vostro processo. Compirete le azioni, berrete le bevande e vi impegnerete nelle pratiche che sapete che quella divinità ha intrapreso. Utilizzerete anche la visualizzazione come potente mezzo per dare vita alle parole che state pronunciando. In questo modo, cercherete di incarnarle pienamente. Un modo per ottenere questo risultato è

SPIRITUALITÀ KEMETICA

utilizzare i metodi e le pratiche che vi sono stati illustrati in questo libro.

Le testimonianze delle pratiche del tempio raccontano che si bruciava l'incenso su un fuoco o su carboni che venivano tenuti accesi a questo scopo. Con il tempo, ci siamo allontanati dalle presenze multiple al tempio durante la giornata e trascorriamo sempre più spesso i momenti di adorazione nei nostri spazi personali. Questo ha reso necessaria una sostituzione dei fuochi aperti e dei carboni ardenti su cui l'incenso veniva inizialmente bruciato. Le candele e l'incenso sotto forma di bastoncini e coni sono stati il sostituto che abbiamo trovato. Questo ci ha permesso di continuare la tradizione e di onorare gli dei.

Nell'antica Kemet, l'incenso veniva acceso all'alba, a mezzogiorno e al tramonto per consentire alle preghiere di elevarsi al cielo e di essere ascoltate dagli dei grazie al dolce aroma che accompagnava queste preghiere. I tipi di incenso utilizzati variavano a seconda dell'ora del giorno. All'alba si usava l'incenso. A mezzogiorno si usava la mirra, mentre al tramonto si accendeva il Kyphi. Il Kyphi era un incenso complesso. Era commestibile e veniva usato per curare le malattie, ma anche bruciato come offerta. La sua composizione prevedeva diversi ingredienti, come miele, incenso, menta, uva passa, resina di pino, pinoli, cannella, mirra e bacche di ginepro. Bruciare candele profumate e incenso al tramonto ha l'ulteriore vantaggio di rendere i sogni più vividi.

Oltre all'incenso quotidiano, si usavano tipi specifici di incenso per invocare divinità specifiche. Ad esempio, la mirra era usata per invocare Asar, Auset, Hathor e Anubi. Anubi era attratto anche dal legno di cedro e dall'incenso. L'incenso veniva usato anche per invocare Hathor. Sulla base di queste conoscenze, si possono bruciare incensi e candele profumate per queste specifiche divinità all'alba, a mezzogiorno e al tramonto. Bruciare incenso o candele profumate è un buon accompagnamento per le vostre preghiere, perché potete seguire le abitudini degli antichi egizi. Non avendo la possibilità di recarsi al tempio tre volte al giorno, si può scegliere di usare il fumo profumato del fuoco sotto forma di incenso e candele quando si prega. In questo modo si può attirare l'attenzione delle divinità affinché rispondano alle vostre richieste.

Nel chiedere con l'aspettativa di ricevere, si raccomanda di praticare la gratitudine come Hathor, mantenendo la convinzione profonda che le preghiere siano già state esaudite. Praticare la gratitudine in questo modo permette di mantenere uno stato di Ma'at. È anche una buona idea dichiarare gli eventi con l'autorità di Heru, quando era sotto forma di Nefertum e dava vita alla creazione. Dichiarando l'esistenza di qualcosa, si va oltre il chiedere e si entra nella convinzione che le proprie richieste saranno esaudite. In questo modo, inizierete a usare l'energia universale descritta nelle leggi ermetiche e vi allineerete con il potere dell'energia che state incarnando e invocando.

Mentre assumete l'atteggiamento e le parole giuste, cercate di allineare i vostri movimenti con gli dei e le dee. Il modo migliore per farlo è la pratica dello yoga kemetico, come raffigurato sulle pareti dei templi e sui rotoli di papiro. Il capitolo bonus sullo yoga kemetico incluso alla fine di questo libro può fornirvi alcune indicazioni su come utilizzare lo yoga per incarnare gli dei e le dee. Vi fornirà anche indicazioni sui movimenti da utilizzare in combinazione con alcune delle preghiere specifiche fornite più avanti in questo capitolo. Come il vostro corpo si allinea alle azioni divine, anche il vostro stato d'animo dovrebbe essere in linea con il divino. È solo con questo stato d'animo che potete partecipare al

SPIRITUALITÀ KEMETICA

continuo atto di creazione che si verifica costantemente mentre l'universo continua a espandersi verso l'esterno. Garantendo l'equilibrio e l'armonia nella vostra vita, permettete che lo stesso avvenga nell'universo. Ciò è conforme alla legge ermetica della corrispondenza che recita: "Come sopra, così sotto". In questo modo, diventate co-creatori non solo della vostra vita, ma anche dell'universo. Questo è lo stato in cui è bene puntare per vivere quotidianamente.

Per questo motivo, sarebbe opportuno che un'attività di preghiera completa facesse parte della vostra vita quotidiana. Iniziate ogni giorno con una preghiera. Se possibile, fatelo tra le 4 e le 6 del mattino, cioè all'inizio della giornata. Ciò consente di allineare le proprie intenzioni con il sole stesso, poco prima che compia il suo viaggio quotidiano nel cielo.

Questo momento della giornata è il più tranquillo in termini di assenza di disturbi dovuti alle attività della giornata e ai dispositivi elettronici che interferiscono con la nostra concentrazione in quanto competono per la nostra attenzione. Il vostro stato d'animo sarà più tranquillo rispetto al resto della giornata. La prima parte della giornata, dopo il risveglio, è anche il momento in cui la mente conscia e quella subconscia sono più connesse tra loro, essendo appena uscite dal mondo dei sogni. Evitate di utilizzare la tecnologia come prima cosa al mattino, perché vibra a una frequenza diversa da quella del vostro corpo e della vostra anima. Inoltre, nel momento in cui accendete la televisione, la radio o il telefono cellulare, la vostra attenzione verrà reindirizzata. Non sarete più concentrati internamente su voi stessi e sui vostri spiriti guida, come dovreste. Al contrario, la vostra attenzione sarà dirottata dalla tecnologia e dai media che consumano tempo. Se volete crescere spiritualmente, questo è un momento importante della giornata per la connessione spirituale e per riflettere su eventuali messaggi ricevuti dal divino sotto forma di sogni.

Se ricordate i vostri sogni, prendetevi del tempo per riascoltarli mentre cercate di ricordarli nei dettagli. Chiedete di essere guidati nella comprensione dei messaggi che possono essere giunti dai vostri spiriti guida in forma di sogno. È buona norma tenere un diario dei sogni in cui annotare tutti i sogni che si ricordano. Questo vi consentirà di tenere traccia di eventuali temi ricorrenti per aiutarvi a determinare se c'è un messaggio speciale che vi viene comunicato. Se i vostri sogni sono profetici, e forniscono un avvertimento o un annuncio di un evento futuro, avere una registrazione scritta vi fornirà la prova che la profezia è avvenuta prima dell'evento reale. Questo rafforzerà la vostra fiducia nei messaggi ricevuti e vi aiuterà a cogliere eventuali schemi da applicare all'interpretazione dei sogni in futuro. Se avete compreso il sogno, chiedete l'assistenza divina per sapere quali passi compiere per mettere in atto le azioni suggerite dal sogno o per sapere quali passi compiere per manifestare i vostri desideri. Se non riuscite a comprendere il sogno, cercate temi, persone, luoghi ed eventi che abbiano un significato per la vostra mente subconscia. Questo può fornirvi una guida per mappare i simboli e gli archetipi dei vostri sogni con quelli del mondo che vi circonda.

Quando recitate le vostre preghiere quotidiane, fatelo sempre con uno spirito di gratitudine e con l'intenzione di vivere la vostra vita in equilibrio con le leggi dell'universo. Durante le vostre preghiere, riflettete sulle leggi di Ma'at e chiedete di essere guidati nelle aree che ritenete più deboli nella vostra capacità di sostenere. Dedicate del tempo a menzionare le aree di necessità nella vostra vita e chiedete di provvedere in tali aree. Quando invocate Ma'at, le combinazioni specifiche di incenso che potete usare sono ambra e mirra; gardenia e rosa; lavanda e salvia; incenso e sandalo; gelsomino e vaniglia; salvia bianca e sangue di drago; patchouli e bergamotto; agrumi e legno di cedro. Qualsiasi di queste combinazioni può essere accesa prima di iniziare il rituale di preghiera.

Pregate per la salute del vostro corpo, in particolare per gli organi essenziali del corpo chiamati "figli di Heru". Chiedete la salute di fegato, polmoni, stomaco e intestino. Chiedete che siano protetti rispettivamente da Imsety, Hapi, Duamutef e Qubehsenuf. Chiedete che lo facciano con l'assistenza di Iside, Nefti, Neith e Selket, così come queste divinità proteggeranno questi organi nell'aldilà. Chiedete chiarezza e indicazioni su come prendersi cura di questi organi per garantire una vita lunga e sana.

PREGHIERE SPECIFICHE

Quando pregate, sappiate che le diverse divinità si occupano di diverse aree della vita. Pertanto, dovreste cercare di indirizzare le vostre preghiere in base alle vostre esigenze prevalenti in un determinato momento. Una preghiera mirata ha maggiori probabilità di ottenere il risultato specifico di cui avete bisogno rispetto a una preghiera generica. Sebbene queste preghiere generiche coprano tutti gli ambiti, richiamano l'attenzione anche su quelli che non richiedono un'attenzione immediata. Poiché si tratta di preghiere generiche, è possibile che i risultati non vengano percepiti quando si verificano. Ricordate che quando pregate, non solo state invocando gli dei e le dee, ma vi state anche confrontando con le forze universali. Per questo motivo, è necessario un atteggiamento di concentrazione per avere il massimo impatto possibile. Per ottenere questa concentrazione, è consigliabile iniziare prima con la meditazione. In questo modo si libera la mente dai pensieri inutili, consentendo di portare solo la propria richiesta nella conversazione con le divinità, lasciandosi alle spalle negatività e frustrazioni.

Di seguito sono riportate alcune preghiere mirate che vi guideranno su come formulare le vostre preghiere per ottenere risultati specifici. In ognuna delle preghiere che seguono, le divinità invocate sono quelle che presiedono alle aree in cui si chiede loro assistenza. Le preghiere terminano con la gratitudine, perché dovete avere la convinzione che le vostre preghiere saranno esaudite; in questo modo, manifesterete le vostre parole. Potete migliorare queste preghiere utilizzando i movimenti yoga corrispondenti che contengono i nomi delle divinità, se questi sono elencati nel capitolo dello Yoga kemetico. Questo vi aiuterà a focalizzare l'attenzione e a incarnare la divinità che state invocando per ottenere assistenza.

Per agricoltori e giardinieri

Questa mattina, mentre esco a piantare il mio seme, mi rivolgo a Geb, dio della terra. Fa' che il terreno in cui pianterò il mio seme sia ricco e fertile, con la combinazione di minerali perfetta per le mie esigenze. Apro anche le opere della mia mano ad Ausar, dio della vegetazione fertile. Ti chiedo di essere favorevole a me. Guida la mia mano nella semina e nel raccolto, così come guidi le mie piante nel processo di crescita. Ti chiedo che il mio giardino possa onorare te e il lavoro che hai fatto quando eri sulla terra. Ti chiedo di proteggere le mie piante dai parassiti, dalla siccità e dal maltempo. In questa richiesta, mi appello anche a Tefnut, che è la dea dell'umidità nell'aria. Fa' che ci sia la giusta quantità e il giusto tipo di precipitazioni al momento giusto. Chiedo che queste precipitazioni aiutino le mie piante a fiorire al meglio delle loro capacità. Aiutami ad avere un impatto positivo nella mia comunità attraverso il mio raccolto. Con il potere di Amen-Ra. Grazie.

Per le questioni legali

Mentre intraprendo le attività che riguardano questa questione legale (indicare le attività specifiche e la questione legale), chiedo l'intervento di Ma'at e Djehuti. Voi due che mantenete la verità, la saggezza e l'onore nel mondo, vi chiedo di mantenere questi aspetti nella mia vita. Chiedo che la saggezza di Djehuti sia presente nelle menti di coloro che presiederanno alla mia questione. Chiedo che questa stessa saggezza sia presente durante la fase di preparazione alla data prevista. Saggezza di Djehuti, ti invito a sedere accanto ai miei rappresentanti legali. Fa' che siano ispirati dal giusto approccio alla questione che abbiamo di fronte. Fa' che io sia ispirato anche da una buona memoria per ricordare in tempo i dettagli importanti, dettagli che possono contribuire in modo fruttuoso al processo di preparazione. Chiedo che Sekhmet sia presente per proteggermi nella mia innocenza e per assicurare che l'esito di questa questione legale sia giusto nei miei confronti. Chiedo che Ma'at sia sempre presente per assicurare che la giustizia prevalga in questa questione e in tutte le attività correlate. Per il potere di Amen-Ra. Grazie.

. . .

Per la guarigione dalle malattie fisiche

Bastet, ti invoco ora nel momento del bisogno. Chiedo il tuo intervento mentre combatto con questa malattia che mi ha consumato e ha ridotto la ricchezza della mia vita a una frazione di quella di cui godevo un tempo. Ti chiedo, o protettore delle famiglie, di proteggere me e la mia famiglia in questo momento di bisogno. Vieni nella mia vita, nella mia casa e dimora in essa, allontanando gli spiriti maligni che possono essere la causa di questa malattia. Ti prego, riporta la salute nel mio corpo e la vitalità nella mia vita. Riporta la mia famiglia al suo antico splendore e rendila ancora più grande di quanto possiamo immaginare. Restituisci al mio corpo il buon condotto dello spirito che è destinato a essere. Fa' che la tua bontà e la tua misericordia dimorino in me e nella mia famiglia. Per il potere di Amen-Ra. Grazie.

Per operazioni mediche di successo

Heru-Ur, dio della salute e del restauro. Ti chiedo di riportare il mio corpo alla sua piena funzionalità. Anche quando oggi entrerò in sala operatoria, ti chiedo di guidare i medici nel loro compito, affinché io possa essere completamente ristabilito. Ti chiedo, Nephthys, di prenderti cura dei miei organi interni durante questo intervento. Fa' che le mani dei medici siano sicure e ferme, in modo che operino solo sull'organo previsto e che non vengano commessi errori ai lati dell'area di intervento prevista. Invoco anche Iusaaset, dea della vita, affinché il mio corpo sia completamente guarito dopo il successo dell'intervento. Ti chiedo, Aset, di coprirmi con il tuo potere di resurrezione. Fa' che tutte le procedure anestetiche procedano senza intoppi, permettendomi di dormire e di svegliarmi dall'operazione al momento giusto. Ti ringrazio per avermi fatto risorgere dall'anestesia. Ti ringrazio perché lo farai quando sarà il momento giusto per il mio risveglio, e non prima. Ti presento questa preghiera con il potere di Amen-Ra. Grazie.

Per i viaggi e le relazioni con l'estero

Oh, Het-Heru, dea della diplomazia e delle nazioni straniere. Ti chiediamo di essere con noi ora. Guidaci nel nostro viaggio e in tutte le nostre interazioni, sia pianificate che non. Preghiamo affinché tutti i piani di viaggio si svolgano senza intoppi, sia per quanto riguarda il trasporto sia per quanto riguarda la documentazione necessaria. Che tutte le nostre trattative durante il percorso da e verso la nostra destinazione, così come a destinazione, siano favorevoli nei nostri confronti. Che gli abitanti della terra straniera (qui potete dire il nome del Paese) in cui stiamo per entrare ci vedano come graditi alleati. Che possiamo avere con loro relazioni buone e fruttuose. Che siano relazioni che durino molti anni felici e che siano vantaggiose per tutte le parti. Invochiamo Anpu affinché non ci perdiamo nel nostro viaggio, ma siamo liberi di esplorare e di ritrovare la strada di casa in tutta sicurezza. Invitiamo Set a governare gli eventi del nostro viaggio. Che tutto si svolga pacificamente e secondo i piani. Ti preghiamo di tenere a bada il caos. Fa' che anche il tempo sia favorevole ai fini del nostro viaggio, che non ci siano interferenze da parte della natura che possano ostacolare il nostro cammino. Grazie a voi, Anpu, Set e Het-Heru, per averci guidato in questo viaggio e in tutte le interazioni che avremo intorno ad esso. Per il potere di Amen-Ra. Vi ringraziamo.

Fertilità *maschile*

Oh, Ausar e Auset, vi prego di aiutarmi nel momento del bisogno. Aset, hai portato la vita in un fallo morto. Vi prego di portare la vita in questo mio fallo affinché sia produttivo. Ausar, hai generato Heru anche se non eri più in questo mondo e il tuo fallo era stato inghiottito da un coccodrillo. Ti prego, infondimi la capacità che avevi quando ti sei accoppiato con Auset, in modo da essere produttivo anche nella tua forma spirituale. Ti prego di far risorgere in me la capacità di generare figli in questa vita. Vi ringrazio, Ausar e Auset, per avermi ispirato in questo momento con l'esempio della vostra capacità di riprodurvi anche quando sembrava che la speranza fosse persa. Grazie per aver ripristinato la speranza in me oggi. Vi prego di rendermi risoluto e di guidare le mie azioni affinché anch'io possa essere un padre orgoglioso di una prole sana. Per il potere di Amun-Ra. Grazie.

Fertilità *per le donne*

Oh, Hathor, bellissima madre e protettrice delle donne, ti chiedo di proteggere oggi il mio grembo e gli organi ad esso associati. Ti chiedo di aiutarmi nel processo di concepimento che sto vivendo. Ti chiedo di guidarmi e di portare gioia nella mia vita rendendo fruttuoso questo concepimento. So che userò questo evento di successo per incarnare la gratitudine che tu porti nel mondo. Grazie per amare le donne, per proteggerle e per dare loro tanta bellezza e gioia. Ti chiedo ora di moltiplicare la mia gioia nel concepire la prole che tanto desidero. Mi rivolgo a te, Aset, affinché mi guidi in questo processo e possa allattare la prole nello stesso modo in cui hai allattato Heru. Ti ringrazio per essere con me e per la tua guida in questo processo. Con il potere di Amen-Ra. Grazie.

Per un evento celebrativo di successo

Hathor, tu che porti piacere, amore, divertimento e musica nelle nostre vite. Ti chiediamo di unirti a noi per festeggiare oggi. Grazie perché abbiamo un'occasione per festeggiare. Che sia un'occasione di gioia per tutti i presenti. Benedici ognuno di loro con un senso di gratitudine, un'anima piena di risate e il desiderio di divertirsi. Che ci sia un profondo apprezzamento per tutti i presenti e che tutti si sentano pienamente inclusi nelle attività che circondano questa celebrazione. Chiedo a Bastet di fornirci della buona musica che renda il tutto più divertente per tutti i partecipanti. Che questa musica diventi la traccia di ricordi straordinari per tutti i presenti. Che Ma'at sia presente all'evento per garantire l'armonia tra tutti e l'ordine nello svolgimento. Con il potere di Amen-Ra, vi ringraziamo per il meraviglioso evento.

Per esami, tesi e altri tipi di scrittura

Oggi mi rivolgo a Djehuti. Tu, che sei il dio della parola scritta. Ti chiedo ora, Djehuti, di scacciare il caos dalla mia mente come ogni giorno scacci il caos dalla barca di Ra mentre attraversa il Duat ogni notte. Aiutami a svolgere il lavoro che mi attende con una mente chiara e organizzata, che non sia disturbata dai demoni del dubbio e della dimenticanza. Fa' che la mia scrittura sia un'espressione chiara e piena delle mie idee ben ponderate, che fornisca una visione ai lettori delle mie parole. Che non ci siano dubbi sul mio livello di intelligenza nella lettura delle parole che scrivo; piuttosto, che coloro che incontrano queste parole siano illuminati e ispirati in modi nuovi. Prego anche per la saggezza di Nehmetawy. Oggi sono nel bisogno e chiedo il tuo sostegno come protettore di coloro che sono in difficoltà. Ti prego di impartirmi la tua saggezza e di permettermi di condividere l'impatto di questa maggiore saggezza con coloro che leggeranno le mie opere. Ti ringrazio per il tuo aiuto e ricevo la bontà che mi fornisci oggi. Per il potere di Amen-Ra. Grazie

RITUALI KEMETICI DEL MATTINO, DEL MEZZOGIORNO E DELLA SERA

È vantaggioso fare del proprio meglio per iniziare la mattinata con un atteggiamento di gratitudine. Per avere un senso di scopo per la giornata, mantenete la concentrazione con un po' di yoga e le parole giuste rivolte alla divinità sovrana per gli scopi della giornata. Vi forniamo ora alcuni esempi per guidarvi nella creazione dei vostri rituali mattutini. Questi rituali includono posizioni yoga, esercizi di respirazione e alcune preghiere per aiutarvi a concentrarvi pienamente sulla divinità e sullo scopo del rituale.

DARE VITA ALLA GIORNATA

Prendetevi del tempo per stare seduti fermi e in silenzio. Inspirate per un conteggio di quattro. Uno, due, tre, quattro. Ricordate di respirare profondamente nel diaframma, in modo che la pancia si estenda durante l'inspirazione. Ora espirate per quattro volte: uno, due, tre, quattro. Alzatevi e allungate le braccia sopra la testa. Contemporaneamente, sollevate i talloni in modo da stare

SPIRITUALITÀ KEMETICA

in punta di piedi. Mentre le braccia sono sollevate sopra la testa, inspirate ed espirate contando fino a quattro. Questa è la posizione Shu, che riempie i polmoni di ossigeno per affrontare la giornata.

Abbassate le braccia in modo che pendano dai fianchi e abbassate i talloni in modo che i piedi poggino a terra. Inspirate fino a contare fino a quattro prima di espirare contando fino a quattro. Considerate la giornata che vi attende in relazione al respiro rinvigorente che avete appena fatto. In quali aree della vostra vita volete dare vitalità oggi? In questa posizione rilassata, pensate a tre o quattro aree che sono più importanti per infondere vita oggi. Ora alzate di nuovo le braccia sopra la testa e sollevate i talloni in modo da stare sulle punte dei piedi. Mentre sollevate le braccia, immaginate di sollevare il primo problema che ha bisogno di essere preso in considerazione nella giornata. Mentre sollevate la questione sopra la vostra testa, dite ad alta voce o nella vostra mente: "Shu, oggi sollevo questa questione davanti a te. Nel farlo, dichiaro di lasciar andare qualsiasi ansia che possa avere nei confronti della sua risoluzione o del suo completamento. Dichiaro che nel momento in cui sollevo questa questione a te, non è più solo una mia preoccupazione, ma è anche una tua preoccupazione. Ti ringrazio per aver portato il carico di questo problema. Ti chiedo di darle vita".

Quando le braccia sono completamente al di sopra della testa, ripiegare le mani sul polso fino a dove potete. La vostra postura dovrebbe essere come se steste offrendo qualcosa su un vassoio a qualcuno molto più alto di voi. Questo serve a consegnare completamente la questione a Shu, per darle vita e allontanare da voi stessi qualsiasi preoccupazione. Inspirate fino a contare quattro volte e poi espirate fino a contare quattro volte prima di abbassare le braccia sui fianchi e i piedi a terra. Una volta tornati in una posizione rilassata, inspirate ed espirate di nuovo fino a contare quattro volte prima di sollevare la vostra prossima preoccupazione a Shu.

RICARICA DI MEZZOGIORNO

Se avete un programma impegnativo, spesso vi accorgerete che a metà pomeriggio vi manca l'energia necessaria per concentrare la vostra attenzione sul lavoro da svolgere. In queste situazioni, è importante fare una pausa e riavviarsi in modo da lavorare in modo ottimale. In queste circostanze, fate una breve pausa per fare un esercizio di respirazione che vi aiuterà a massimizzare la vostra produttività ancora una volta.

Se vi trovate in un ambiente che ve lo consente, mettetevi nella posizione del loto. Per farlo, sedetevi a gambe incrociate con la schiena dritta e i palmi rivolti verso l'alto. Dedicare del tempo a questa attività vi ricorda che è possibile distaccarsi dalle distrazioni che vi circondano e allo stesso tempo rimanere concentrati sulle vostre intenzioni per la giornata. Se l'ambiente in cui vivete non vi permette di assumere la posizione del loto, cercate una sedia dove possiate sedervi comodamente in posizione eretta. Sedetevi con la schiena dritta e i palmi delle mani rivolti verso l'alto.

Fate entrare l'aria nei polmoni inspirando attraverso le narici. Quando i polmoni si riempiono, non fate pause tra un respiro e l'altro, ma spingete immediatamente l'aria fuori dai polmoni e dalla bocca. Contraete i muscoli addominali per aiutarvi in questo processo. Mentre siete seduti in questa posizione, continuate a inspirare ed espirare uniformemente in questo modo.

Mentre altri esercizi possono richiedere di inspirare e trattenere il respiro prima di espirare, questo richiede di inspirare e poi espirare immediatamente. Le inspirazioni e le espirazioni devono avere la stessa durata. Ad esempio, si può inspirare per un secondo ed espirare per un secondo. Per un periodo di tempo compreso tra i due e i dieci minuti, continuate a inspirare ed espirare continuamente, senza pause tra un respiro e l'altro.

Mentre eseguite l'esercizio di respirazione, tenete la mente concentrata sulle vostre intenzioni positive per la giornata e su come porterete le leggi di Ma'at nel resto delle attività della giornata.

Questo tipo di tecnica di respirazione si chiama Respiro del Fuoco. Rinvigorisce e aiuta ad alleviare i problemi digestivi. Se avete problemi ai polmoni, al cuore o alla colonna vertebrale, dovreste evitare di usare questa tecnica di respirazione, perché la respirazione rapida esercita una pressione su queste aree. In alternativa all'uso del respiro di fuoco, utilizzate la tecnica della respirazione a scatola. La respirazione a scatola richiede di inspirare per un numero di quattro, trattenere il respiro per un numero di quattro, espirare per un numero di quattro e trattenere nuovamente il respiro per un numero di quattro. Meditate sulle leggi di Ma'at. Sebbene la respirazione a scatola non vi rinvigorisca come il Respiro del Fuoco, sarete in grado di concentrare la vostra mente meglio di prima del crollo energetico. Potrete quindi usare questa nuova concentrazione per ottenere i risultati che desiderate per la giornata.

RITUALE DELLA SERA

Concludete bene la giornata in modo che la vostra anima abbia un passaggio sicuro nel mondo dei sogni ogni notte. Potreste voler ripulire il vostro stato mentale da qualsiasi questione emersa durante la giornata che vi ha distratto o disturbato dal vostro scopo. Trovate un posto tranquillo per sdraiarvi sulla schiena e riflettere sulla vostra giornata. In questa posizione da mummia, con le braccia rilassate lungo i fianchi, valutate gli eventi della giornata in base alle leggi di Ma'at. Mentre l'omicidio, la rapina violenta e il mancato rispetto dei defunti sono facili da evitare per la maggior parte delle persone, che dire di quelle leggi che avete l'opportunità di infrangere ogni giorno? Alcune di queste sono le leggi che riguardano il mettersi su un piedistallo (legge 37), il parlare con rabbia o arroganza (legge 35), l'augurare il male a qualcuno (legge 36), l'intromettersi negli affari altrui (legge 30), l'abbellire la verità (legge 31), l'origliare (legge 18) e il mentire (legge 8). Queste sono solo alcune delle leggi di Ma'at che vi aiuteranno se sarete abbastanza coscienziosi da rispettarle.

Esaminate le risposte che avete avuto a ogni situazione che vi si è presentata nel corso della giornata. Questo vi aiuterà a identificare le aree in cui non siete riusciti ad allineare le vostre azioni quotidiane con la vostra intenzione di vivere in Ma'at. Una volta identificati questi momenti, non giudicatevi con severità. Sappiate invece che, anche se non siete riusciti a vivere in Ma'at in questo giorno, la vostra anima vi guiderà per superare gli ostacoli futuri. Siate grati di avere la capacità di identificare queste aree e di riflettere sulle soluzioni e sulle risposte che avrebbero potuto servire meglio il momento. Perdonate voi stessi per non aver intrapreso quelle azioni, sapendo che nel momento in cui si è presentata l'opportunità non eravate consapevoli delle opzioni immediatamente disponibili. Siate grati per la saggezza acquisita in questo momento di riflessione. La saggezza esperienziale fornisce conoscenze che potrete applicare in una fase successiva della vostra vita, qualora si ripresentassero situazioni simili. Siate grati che la vostra anima vi guidi attraverso gli aspetti impegnativi della vostra vita.

Mentre riflettete su come la vostra anima vi guida nella vita, passate dalla posizione di riposo della mummia alla posizione del pesce. Per farlo, fate scivolare i palmi delle mani rivolti verso l'alto sotto le cosce. Poi sollevate il busto da terra, mentre il corpo è sostenuto dai gomiti che premono sul terreno. In questa posizione, inspirate profondamente ed espirate. Questa posizione è facile da eseguire, in quanto estende la capacità del torace. Continuate a inspirare ed espirare lentamente fino a quando non l'avrete fatto per cinque volte. Ora abbassate delicatamente il corpo a terra. Riprendete la posizione della mummia, spostando le braccia ai lati del corpo. Inspirate e poi espirate di nuovo. Mentre lo fate, ringraziate le forze della natura per il loro sostegno alle vostre attività nel corso della giornata. Se non riuscite a pensare a qualcosa per cui essere grati, considerate il fatto che siete vivi e in grado di respirare. Considerate il fatto che state compiendo un viaggio spirituale che vi porta ogni giorno verso uno stato di illuminazione. Siate grati per questo. Una volta esaurito il momento di meditazione sulla vostra giornata, potete sedervi delicata mente. Ora potete affrontare il resto della serata con una nuova prospettiva.

SEKHMET

9
BONUS LO YOGA KEMETICO PER DARE ENERGIA ALLA VOSTRA PRATICA MODERNA

Lo Smai Tawi, o Yoga kemetico, è una disciplina che si ispira alla storia della creazione kemetica e alle posture delle divinità kemetiche raffigurate sulle pareti dei templi e sui papiri. Nonostante le posture a cui si ispira siano state a disposizione dell'umanità per migliaia di anni, è solo di recente che la pratica è stata ricostruita in una serie di posizioni yoga. La pratica di queste posizioni consente di rafforzare la muscolatura centrale e di migliorare la flessibilità. Le posizioni sono di per sé un modo per mantenere un corpo sano. Tuttavia, come tutte le pratiche kemetiche, lo Smai Tawi implica qualcosa di più della semplice attività di piegamento, allungamento e torsione del corpo. Viene utilizzato insieme ad altre attività dello stile di vita per migliorare la salute generale. Questo include il benessere spirituale unito ad altre attività come bere molta acqua e seguire una dieta a base vegetale che favorisca un corpo sano. L'uso di queste posizioni, insieme al lavoro sul respiro, permette di concentrare le energie per mantenere l'equilibrio interiore che è una parte essenziale del viaggio spirituale.

Quando si combinano le posizioni con l'esposizione quotidiana al sole, tra i 10 e i 20 minuti, si creano le condizioni ottimali per il benessere del corpo. Il sole dà energia al corpo e l'esposizione quotidiana ai suoi raggi consente all'organismo di produrre vitamina D che combatte le malattie. Il sole-Ra, il respiro-Shu e le posizioni yoga ispirate alle diverse divinità e dee metteranno il corpo in allineamento con la sua naturale compostezza. Questo stato del corpo permette di avere il giusto stato mentale per affrontare le sfide quotidiane della vita. Il processo dello yoga kemetico richiede di meditare sulla storia della creazione e sugli dei e le dee ad ogni posa e ad ogni passaggio alla successiva. L'aggiunta di questo atteggiamento meditativo è ciò che rende lo yoga kemetico la pratica ideale per mantenere in salute corpo, mente e anima.

SHTI-LA MUMMIA

La posizione della mummia è una posizione di base per molte altre pose. È una posizione appropriata perché è sia l'inizio che la fine di alcune altre pose, riflettendo la sua posizione di inizio e fine della vita stessa. Come inizio, incarna il potenziale. Non sappiamo mai in che cosa si svilupperà una nuova vita, quindi è emozionante assistere a questa fase. È una fase in cui ci sono molteplici possibilità, poiché le scelte che limitano e focalizzano la nostra crescita direzionale non sono ancora state fatte. Eseguita alla fine, la posizione di Shti rappresenta un corpo che è stato preparato per la resurrezione. Questa posizione viene assunta alla fine di una vita pienamente vissuta. Tutto il potenziale è stato espresso attraverso le varie decisioni prese e le azioni compiute. Guardando un corpo che è stato preparato per la resurrezione, si sa che ci sono poche sorprese che può presentare. La posa è un simbolo della resurrezione di Asar da parte di Aset. Resuscitando Asar, Aset supera la gelosia e l'ignoranza di Set e usa la saggezza per riportare in vita Asar. Quando guardiamo i corpi degli uomini e delle donne del nostro tempo nel momento in cui la loro vita è finita, crediamo e speriamo che saranno resuscitati nell'aldilà. Hanno speso il loro potenziale sulla terra e c'è un nuovo e diverso livello di potenziale che li aspetta nell'aldilà. Pertanto, la loro fine diventa simile al loro inizio. Avranno chiuso un capitolo di tutto ciò che conoscono, ma sono a un passo da un nuovo capitolo, dal ricominciare dall'inizio e dall'ignoto con nuove possibilità.

Sdraiatevi sulla schiena con i piedi alla larghezza delle spalle. Considerate l'energia dell'universo che Aset ha usato per dare vita ad Asar. Immaginate che sia diretta verso di voi con amore e compassione. Inspirate ed espirate mentre sentite questa energia universale che vi abbraccia e diventa un tutt'uno con essa. Mentre siete sdraiati, dirigete l'energia universale verso qualsiasi parte del vostro corpo che abbia bisogno di essere curata.

IL LOTO

La posa della mummia confluisce nella posa del loto. Queste due posizioni si combinano per simboleggiare il passaggio dalla morte alla vita, che è l'inizio della creazione. La posizione del loto si ispira al bellissimo fiore di loto. Il loto si trova spesso in acque fangose, eppure rimane eretto e distaccato. Continua a emanare la sua bellezza nonostante l'ambiente circostante. Quando eseguiamo questa posizione, ci ricorda di rimanere distaccati dalle distrazioni del mondo che ci circonda e che dobbiamo rimanere saldi al nostro vero scopo di allinearci con il divino attraverso la meditazione e lo studio delle pratiche spirituali.

Per fare questo movimento bisogna iniziare a immaginare il mondo prima della creazione. In questo modo si può risalire dalle acque morte del caos alla quiete del fiore di loto. Perciò, iniziate a sdraiarvi sulla schiena con le braccia rilassate sui fianchi. Rimanete perfettamente immobili con gli occhi chiusi. Inspirate ed espirate pensando a tutto il potenziale che avete dentro di voi per creare. Il potenziale che avete dentro è la capacità di creare qualcosa di bello dal caos che esisteva prima della creazione. Rimanete in questa posizione per due minuti prima di sedervi nella posizione del loto.

Per la posizione del loto, sedetevi a gambe incrociate sul tappetino da yoga con ciascun piede infilato sotto il polpaccio della gamba opposta. Tenete la schiena dritta e appoggiate gli avambracci sulle ginocchia con i palmi rivolti verso l'alto.

Se siete molto flessibili, potete incrociare le gambe in modo che i piedi poggino sulle cosce.

Se avete difficoltà a stare a gambe incrociate, sedetevi dritti con le ginocchia infilate sotto il corpo, lasciando che la schiena si allinei con i talloni. Appoggiate i polsi sulle cosce in modo che i palmi siano rivolti verso l'alto.

In questa posizione il corpo è centrato e i chakra (o centri energetici) lungo la colonna vertebrale sono allineati.

Entrambe le posizioni di questo movimento sono adatte alla meditazione e alla riflessione durante gli esercizi di respirazione.

Durante gli esercizi di respirazione, evitate i respiri rapidi e superficiali che sollevano le spalle ed espandono il torace. Questi movimenti dovrebbero avvenire solo se gli esercizi di respirazione prevedono specificamente queste azioni. Si consiglia invece di praticare la respirazione diaframmatica. Si tratta di inspirare dal naso in modo da far espandere lo stomaco. Trattenere il respiro nell'addome per due secondi e poi espirare attraverso la bocca.

NEFERTEM SUL LOTO

Questa posa è ispirata a Heru, il Divino Bambino della Creazione quando è nella forma di Nefertum o Nefertem. Durante il processo di creazione, Heru siede su un fiore di loto mentre la coscienza divina crea l'universo attraverso l'uso della vibrazione sonora.

Per assumere questa posizione, iniziare nella posizione del loto. Successivamente, sollevare l'indice per indicare la bocca, da cui proviene il suono. Riportate la mano in grembo e recitate i nomi degli dei e delle dee secondo l'ordine in cui salgono sull'albero della vita: Heru Ur, Nebthet, Set, Aset, Asar, Nut, Tefnut, Geb, Shu, Hetheru, Ma'at, Ra. Durante il processo, prendetevi del tempo per guardare la stanza. Concentratevi su ogni oggetto presente nella stanza. Ricordate a voi stessi che ogni oggetto fisico su cui posate gli occhi è stato creato dalla materia primordiale. Ora chiudete gli occhi e immaginate di aver assunto le qualità di Heru nella sua forma infantile di Nefertem. Immaginate che, mentre nominate gli dèi e le dee della storia della creazione, questi vengano creati per prendere il loro posto nell'universo. In questa forma di Nefertem, seduto in cima al fiore di loto, incurante del caos circostante, iniziate a immaginare di creare il vostro universo secondo i vostri desideri. Ora, dopo aver creato il vostro universo ideale, vedetevi distaccati da esso, come un fiore di loto incontaminato in mezzo a un lago paludoso. La vostra perfezione non è influenzata dall'ambiente circostante. Anche se il mondo intorno a voi è nel caos, continuate a incarnare le qualità che siete nati per esprimere.

NUN

Questa posizione si ispira all'atto di Ra che emerge dalle acque di Nun durante il processo di creazione.

Poiché Ra è un dio che è in equilibrio e unifica gli opposti, iniziate questa posizione in una posizione di accovacciamento altrettanto equilibrata. Tenete i piedi paralleli tra loro e i palmi delle mani premuti l'uno contro l'altro davanti al petto. Inspirate immaginandovi in totale allineamento sotto le acque di Nun. Espirate. Inspirate ed espirate di nuovo, sapendo di avere dentro di voi il potenziale di creazione. Questo potenziale di creazione è lo stesso potenziale energetico che è stato usato per creare l'universo.

Calmate la vostra mente da qualsiasi pensiero caotico che possa apparire e alzatevi. Quando vi alzate, il primo movimento sarà quello di passare da una posizione accovacciata a una semiaccovacciata. Mentre ci si alza, si inizia a inspirare e a distanziare le braccia con un movimento verso l'alto, in modo che i palmi delle mani siano ai lati della testa. I gomiti devono essere piegati in modo che la parte superiore delle braccia sia parallela al pavimento, mentre gli avambracci sono paralleli tra loro ai lati della testa.

Espirate piegando leggermente i polsi all'indietro, in modo che i palmi sembrino spingere contro il cielo. A questo punto, completate la posizione con il secondo movimento. Questo richiede di continuare a sollevarsi fino a raggiungere una posizione completamente eretta.

RISCALDAMENTO

Questa posizione di riscaldamento è una preparazione alla separazione del cielo (Nut) dalla terra (Geb).

- Iniziate il riscaldamento stando in piedi con i piedi alla larghezza delle spalle e con le braccia distese. Ruotate la parte superiore del corpo in modo da guardare dietro di voi a ogni rotazione. Inspirate mentre vi girate verso destra ed espirate mentre vi girate verso sinistra. Ad ogni rotazione del corpo, sentite l'aria che scorre intorno alle mani e alle braccia.
- Ora mettete le mani sulla vita e piegatevi lateralmente sul fianco sinistro. Sentite l'allungamento lungo il lato destro del busto. Ora piegatevi dall'altro lato per bilanciare l'effetto sul corpo.
- Ora piegatevi leggermente all'indietro prima di piegarvi in avanti, mentre le mani sono ancora sulla vita. Eseguite questa operazione quattro volte per ogni direzione.
- Successivamente, piegatevi in avanti e iniziate a inclinarvi verso sinistra prima di inclinarvi all'indietro, poi a destra e di nuovo in avanti. In questo modo il corpo si muove con un movimento circolare in senso orario. Dopo aver eseguito il movimento per tre volte, ripetete l'attività, ma questa volta girate nella direzione opposta. Poi piegatevi in avanti e inclinate il corpo verso destra. Continuate a

farlo finché non avrete mosso il busto in forma circolare.

- Unite i palmi delle mani davanti al petto nella posizione Hetep, che emula una posizione di preghiera. Inspirate profondamente, immaginando di inspirare pace. Ora espirate profondamente. Immaginate di espirare tutta la tensione e di allontanarla dal vostro corpo. Ripetete il processo per tre volte, assicurandovi di mantenere una respirazione diaframmatica durante tutto il processo.
- Ora abbassate le mani sui fianchi per preparare i movimenti di allungamento del collo. Per iniziare l'allungamento del collo, abbassate la testa in avanti in modo da sentire i muscoli che si allungano nella parte posteriore del collo. Ora guardate verso l'alto per far cadere la testa all'indietro in modo da allungare la zona della gola. Inclinare poi la testa verso l'orecchio sinistro in modo da allungare il lato destro del collo. Quindi inclinare la testa verso l'orecchio destro in modo da allungare il lato sinistro del collo. Eseguire questa operazione per quattro volte in ogni direzione, per assicurarsi che il collo sia adeguatamente allungato in avanti, dietro, a sinistra e a destra.
- Girate la testa a sinistra per quattro volte, quindi girate la testa a destra per quattro volte.

SHU

Shu ha creato il cielo-Nut e la terra-Geb ed è lo spazio tra loro sotto forma di aria o etere. Quando è combinata con l'umidità - Tefnut - l'aria diventa l'energia della forza vitale nota come Sekhem.

Questa posizione yoga, quindi, enfatizza il respiro e lo spazio tra terra e cielo, nello stesso modo in cui il dio Shu separava la connessione iniziale tra Geb e Nut.

Da una posizione eretta e rilassata, sollevate le braccia sopra la testa. Durante il processo, inspirate profondamente e sollevatevi in punta di piedi. Ora espirate e abbassate i talloni in modo da non stare più sulla punta dei piedi, ma di tornare a stare con i piedi appoggiati sul pavimento. Allo stesso tempo, abbassate le braccia sui fianchi. Durante l'espirazione, pronunciate il nome di

Shu in corrispondenza dell'aria che state espirando. Visualizzate voi stessi come un tutt'uno con l'universo e come il creatore della vostra esistenza.

VIAGGIO DI RA

Atem Ra - noto anche come Tem o Atum - è il sole che tramonta. Rappresenta il momento in cui Nut, il dio dei cieli, si dedica al consumo quotidiano di Ra. Una volta consumato, Ra deve viaggiare attraverso il Duat, il mondo sotterraneo. Qui combatte con le entità del mondo sotterraneo fino a diventare Ra Khepri, il sole nascente, dove Nut lo partorisce a est.

Il viaggio quotidiano di Ra negli inferi ispira una serie di posture che dimostrano come il processo di creazione sia un'attività continua che permea tutti gli aspetti della nostra vita. Le posture indicate sono sei. Devono essere eseguite in successione per completare la serie completa. Una volta completate, vengono poi ripetute in modo inverso per creare un totale di 12 posizioni. Il fatto che la serie sia composta da 12 posizioni simboleggia le 12 porte che Ra deve attraversare durante il suo viaggio quotidiano attraverso il Duat (il luogo in cui Ra si reca tra il tramonto e l'alba).

Si raccomanda che il vostro atteggiamento mentale durante l'esecuzione di questa serie sia di pace, di autoservizio e di coerenza. Questi attributi sono un riflesso di Ra mentre combatte nel mondo sotterraneo ogni notte per fornire la sua forza vitale alla creazione su base giornaliera.

- Iniziate la serie in posizione eretta. Mettete le mani davanti a voi con i palmi premuti insieme in modo da pregare mentre espirate.

SPIRITUALITÀ KEMETICA

- Alzate le braccia davanti a voi e poi sopra la testa mentre inspirate. Ora, inarcando la parte superiore della schiena, piegate il busto all'indietro e allungate le mani verso Ra, il sole.

- Ora espirate mentre vi piegate in avanti, portando il sole con voi, affrettandolo verso il tramonto mentre vi piegate in avanti. Nel piegarvi in avanti, mantenete la schiena dritta e le braccia distese in avanti ai lati del collo.
- Continuate a piegarvi in avanti finché non vi troverete piegati su voi stessi, con le mani ai lati delle caviglie. Se siete abbastanza flessibili per farlo, appoggiate le mani a terra su entrambi i lati per simboleggiare la discesa di Ra negli inferi.

- Inspirando, stendete la gamba destra dietro di voi, abbassando il corpo. Usate i palmi delle mani o le punte delle dita per mantenervi fermi a terra mentre estendete il busto verso l'alto e guardate verso il cielo.

- Ora abbassate la testa in modo che il viso sia rivolto verso il suolo. Trattenendo il respiro, spingete la gamba sinistra in fuori in modo che sia parallela alla gamba destra. Mantenete la testa tra le braccia, mentre i talloni poggiano sul pavimento, per ottenere un buon allungamento della parte superiore e inferiore del corpo. Il corpo formerà una V rovesciata, che è la posizione di Nut. Questo punto della serie simboleggia il punto in cui la dea Nut consuma il sole, Ra, prima del suo viaggio negli inferi Duat.

SPIRITUALITÀ KEMETICA

- Espirate mentre vi abbassate sul pavimento, prima i ginocchio. Inarcate la schiena abbassando il petto verso il pavimento. Mettete le mani con il palmo rivolto verso il basso ai lati del petto per sostenere il corpo. Se vi sentite abbastanza a vostro agio, potete anche abbassare la fronte sul pavimento oltre al petto. Questo significa l'inizio del viaggio nel mondo sotterraneo.

- Portate la vita e il bacino verso il pavimento inspirando. Allo stesso tempo, spingete sul pavimento con i palmi delle mani, inarcando la schiena e mantenendo i gomiti piegati e vicini al corpo. Questa è la posizione del cobra. Durante l'esecuzione della posizione del cobra, è necessario mantenere la concentrazione sul punto tra le sopracciglia, il terzo occhio, che è il sesto centro energetico. In questo momento siete a metà del viaggio di Ra.

- Per iniziare la seconda metà del viaggio, sollevate la parte centrale del corpo e tornate nella V rovesciata. Una volta in questa posizione di Nut, espirate con i talloni e la fronte premuti verso il pavimento.

- Successivamente, portare il piede destro in avanti in modo che si trovi tra le mani. Allo stesso tempo, inspirate, piegando indietro il collo in modo che il viso guardi verso il cielo. Spingete verso il suolo con il bacino per consentire un buon allungamento.

SPIRITUALITÀ KEMETICA

- Portate il piede sinistro in avanti per unirlo al piede destro. Espirate, lasciando pendere la testa e piegando il corpo. Le braccia e il collo devono essere quasi paralleli e i palmi delle mani devono essere il più possibile appoggiati al pavimento.

- Alzatevi e sollevate le mani sopra la testa, inspirando. Portate le mani al di sopra della testa e all'indietro. In questa posizione, porterete simbolicamente Ra nel cielo, dove assumerà la sua posizione di sole nascente - Ra Khepri.

- Espirate e abbassate le braccia in posizione di preghiera. Lasciate cadere le braccia sui fianchi. Avete completato un ciclo del viaggio.

Ripetere l'intero percorso concentrandosi sulla gamba sinistra anziché su quella destra. Il processo può essere ripetuto per circa sei o otto volte. Il momento migliore per eseguire questa sequenza è la mattina presto. Una volta completato il numero di ripetizioni desiderato, assumete la posizione della mummia.

SUPPORTO PER LE SPALLE

Questo è anche conosciuto come l'alzata a spalla di Geb. Geb è la terra. Quando la terra si separa dal cielo, o quando Geb si separa da Nut, ci sono diversi esercizi che egli esegue. L'alzata di spalla e l'esercizio dell'aratro che lo segue sono esercizi che confluiscono l'uno nell'altro. Sono tra gli altri esercizi sulla terra eseguiti da Geb.

Iniziate questo esercizio sdraiandovi sulla schiena con le braccia lungo i fianchi. Sollevate le gambe in alto mantenendole parallele tra loro. Usate le mani per sostenere la schiena in vita, lasciando che le spalle sostengano il peso del corpo.

Questa posizione fa bene a tutto il corpo. Tuttavia, l'utilizzo di questa posizione vi aiuterà in particolare ad acquisire maggiore forza nella zona della schiena, della colonna vertebrale e del collo.

Inoltre, è utile per i centri energetici superiori del corpo spirituale.

ARATRO

Dalla posizione delle spalle, portare delicatamente le gambe sopra la testa in modo che le dita dei piedi tocchino il pavimento sopra la testa. Se non siete abbastanza flessibili da toccare il pavimento con le dita dei piedi, non forzatelo. Estendete le gambe fino a quando non superano la testa. Con il tempo si svilupperà una maggiore flessibilità.

Riportate le braccia ai lati del corpo e mantenere la posizione per cinque secondi. Srotolate le gambe fino a tornare in posizione supina.

RUOTA

La posizione della ruota rafforza la schiena, le braccia e le gambe.

Sdraiatevi sulla schiena con le ginocchia piegate e le piante dei piedi appoggiate al suolo e vicine ai glutei. Sollevare le braccia sopra la testa. Appoggiate le mani a terra sopra la testa, con le dita rivolte verso le dita dei piedi e i palmi delle mani appoggiati a terra. Inspirate mentre sollevate il corpo da terra spingendo contro il suolo con le mani e i piedi. Mantenere la posizione finché si è in grado di farlo. Espirate mentre abbassate lentamente il busto a terra. Mentre siete sdraiati a terra, inspirate ed espirate profondamente, meditando su Geb e Nut insieme nel momento precedente la separazione tra cielo e terra.

PESCE

È preferibile eseguire questa posizione dopo le pose delle spalle e dell'aratro. Questo aiuterà a bilanciare l'effetto sul corpo.

Per iniziare questa posizione, sdraiarsi sulla schiena con le braccia lungo i fianchi nella posizione della mummia. Mettete le mani accanto alle cosce con i palmi rivolti verso l'alto. Ora fate scivolare le mani appena sotto il bordo delle cosce e sollevate il busto in modo da appoggiarvi sui gomiti. Sollevate il busto in modo che sia invertito, con il petto in fuori e la testa estesa all'indietro fino a toccare il pavimento.

In questa posizione, con la testa, i gomiti e i glutei che toccano il pavimento mentre il petto è esteso, i polmoni possono espandersi al massimo della loro capacità. Pertanto, da questa posizione di estensione del torace, fate cinque respiri addominali profondi.

Inspirate ed espirate lentamente, assicurandovi di mantenere la parte inferiore del corpo a proprio agio.

La posizione del pesce ci ricorda i due pesci che accompagnavano la barca di Ra quando navigava sulle acque di Nun durante il processo di creazione. Mentre respirate, pensate al vostro sé superiore e a come vi guida nel vostro viaggio spirituale verso l'illuminazione.

Una volta terminato l'esercizio di respirazione, portate la testa in avanti verso il petto e abbassatevi sui gomiti in modo da tornare nella posizione della mummia. Una volta nella posizione della mummia, respirate profondamente nell'addome ed espirate.

PIEGAMENTI IN AVANTI

Dalla posizione della mummia, sedetevi dritti con i piedi distesi davanti a voi. Assicuratevi di essere posizionati in modo da essere seduti sull'osso pelvico. Flettete i piedi in modo che le dita siano rivolte all'indietro verso il busto.

Eseguite questa operazione per tre volte: sollevate le braccia sopra la testa mentre inspirate, poi abbassatele mentre espirate. Ogni volta che abbassate le braccia, allungatevi in avanti per toccare le dita dei piedi mantenendo la schiena dritta. Mentre vi piegate, pensate a Nut, che si piega sulla terra e racchiude l'atmosfera; Shu e Tefnut creano la forza vitale all'interno del suo arco corporeo mentre si piega verso la terra (Geb).

Una volta completate le tre ripetizioni, sdraiatevi lentamente sulla schiena e assumete la posizione della mummia.

Il piegamento in avanti allunga l'intera colonna vertebrale e massaggia gli organi interni come i reni, l'apparato digerente e il fegato.

TORSIONE VERTEBRALE

La colonna vertebrale permette al corpo di funzionare in modo armonioso, fungendo da tramite tra il cervello e il resto del corpo.

Iniziate questo esercizio da seduti con entrambe le gambe distese davanti a voi. Piegare il ginocchio della gamba destra, sollevare il piede destro e posizionarlo sopra e accanto al ginocchio sinistro. Appoggiate la mano sinistra sul pavimento dietro di voi mentre ruotate il corpo e guardate dietro la spalla sinistra. Appoggiare la mano destra sul ginocchio destro. Portare la mano sinistra all'indietro, muovendola sul terreno. In questo modo, sentirete uno stiramento sul lato sinistro del busto. Inspirate ed espirate mentre siete in questa posizione prima di riportare la mano verso il corpo e di ruotare il corpo in avanti con le gambe distese davanti a voi. Ora ruotate la colonna vertebrale nell'altra direzione, sollevando il piede della gamba sinistra e mettendolo sopra la gamba destra. Appoggiate la mano sinistra sul ginocchio sinistro. Nel frattempo, sostenete il corpo appoggiando la mano destra sul pavimento. Inclinate il corpo all'indietro per distendere il lato destro del corpo mentre portate la mano destra all'indietro. Dopo aver inspirato ed espirato lentamente, tornate in posizione frontale con le gambe distese davanti a voi.

SELKET

Selket è la dea dello scorpione. Lo scorpione ha il potere di proteggere infliggendo dolore. Nella storia della creazione, Ra inviò sette scorpioni per proteggere Aset in fuga mentre Set cercava di ucciderla.

Per eseguire la posa dello scorpione, iniziare a sdraiarsi sulla pancia con la fronte a contatto con il suolo. Con le mani a pugno, stendete le braccia davanti a voi. Inspirate mentre sollevate la gamba sinistra ed espirate mentre la abbassate. Ripetete l'operazione con la gamba destra. Ora sollevate delicatamente entrambe le gambe insieme, inspirando mentre le sollevate ed espirando mentre le abbassate.

Potete ripetere l'esercizio con le braccia sotto il corpo anziché distese davanti a voi.

Questo esercizio è benefico per la parte bassa della schiena.

SEBEK

Sebek è un dio coccodrillo che rappresenta il potere della natura. Sebek è associato al secondo centro energetico. I coccodrilli erano considerati gli animali più potenti dell'antico Egitto. Nella storia della creazione, il coccodrillo assisteva Asar.

Sdraiatevi a terra a faccia in giù con le braccia piegate e appoggiate con i palmi delle mani ai lati della testa. Portare il ginocchio sinistro verso il gomito sinistro. Raddrizzate la gamba sinistra e poi portate il ginocchio destro verso il gomito destro prima di raddrizzarlo. Ripetere l'esercizio da tre a cinque volte, alternando le due gambe. Una volta terminato l'esercizio, tornate in posizione seduti e muovete le spalle e la schiena per sciogliere eventuali tensioni in quelle zone.

ARAT

Arat Sekhem è il "potere del serpente". Questo è rappresentato da Uraeus, il cobra. Il cobra è collegato alla resurrezione di Asar nella storia della creazione. Pertanto, quando eseguite la posizione, considerate il potere della resurrezione nel vostro corpo. Inoltre, fate attenzione all'energia Uraeus che sale dall'osso sacro alla fronte quando si raggiunge la consapevolezza spirituale. Nella spiritualità egizia, questo è il movimento dell'energia di Asar lungo l'albero del djed che cresce dalla bara in cui era stato intrappolato dal fratello. Nello yoga praticato in India, l'energia Uraeus in ascesa viene chiamata kundalini.

Sdraiatevi a pancia in giù con le mani posizionate a palmi in giù sotto le spalle e la fronte a contatto con il suolo. Inspirate sollevando il petto da terra senza usare le mani per sollevarvi da terra. Espirate rilassando il corpo verso il basso in modo che la fronte tocchi di nuovo il suolo. Riposate per un momento prima di ripetere l'operazione. Eseguite questa operazione per tre volte prima di spingere il corpo verso l'alto con le mani, il più in alto possibile, e mantenete la posizione per tutto il tempo che vi è comodo. Successivamente, rilassate il corpo fino al livello del suolo.

Questo esercizio rafforza la zona toracica. È associato alla colonna vertebrale e allo sviluppo dei centri energetici del corpo. È anche collegato a un aumento della coscienza e dei livelli energetici psico-spirituali del corpo.

HOREMAKHET-LA SFINGE

La sfinge è legata agli dei Set e Apuat e rappresenta un essere umano che ha raggiunto l'illuminazione pur mantenendo il controllo del proprio sé spirituale inferiore. Nell'eseguire questa posa, visualizzate il vostro potere come quello di un , abbracciando il pieno allineamento di mente, corpo e spirito. Questo è il potere della sfinge.

Assumete una posizione inginocchiata appoggiandovi sui talloni. Ora sporgetevi in avanti con le mani distese davanti a voi, usando i gomiti per sostenere il corpo. Successivamente, raddrizzate i gomiti per sollevare la parte superiore del corpo. Dovreste sentire gli effetti di rafforzamento sulla schiena. Abbassatevi di nuovo sui gomiti e ripetete l'esercizio.

HERU—HORUS

Heru bilancia il sé superiore e quello inferiore, difendendo la verità, la giustizia e l'onore. Egli sconfigge l'ingiustizia, la morte e l'ignoranza. Nella storia della creazione, sconfisse l'illuminato Set, l'ignoranza e l'ingiustizia. Ha anche aiutato a resuscitare suo padre, Asar.

State in piedi con le braccia ai lati del corpo. In questa posizione, vedetevi come una piramide forte e inamovibile. Da questa posizione di forza, immaginatevi come artefici del vostro destino e redentori della vostra anima. Immaginate di possedere tutte le qualità di Heru, come l'equilibrio tra il sé superiore e quello inferiore, difendendo l'onore e la giustizia.

SERIE HENU

Si tratta di una serie di pose che rendono omaggio ad Apnu, Heru e Set. La serie è simbolo di gioia e di lode.

Dalla posizione eretta, inginocchiarsi con il ginocchio destro a terra e il ginocchio sinistro rivolto verso il cielo.

Allungare la mano sinistra rivolta verso l'alto allontanandola dal corpo. Allo stesso tempo, tenere la mano destra chiusa a pugno vicino al petto.

Fare un pugno con la mano sinistra e portarla al petto. Poi sollevate la mano destra verso il cielo con il gomito piegato ad angolo retto rispetto al suolo.

Tornare in posizione eretta e ripetere l'esercizio con gli arti alternati.

NUT

Il Nut è il cielo che racchiude l'etere e arriva fino all'orizzonte terrestre.

Per iniziare l'esercizio, mettetevi in piedi con le braccia sollevate sopra la testa. Inspirate. Ora espirate mentre vi chinate, piegandovi lentamente fino ad afferrare le caviglie. Se è necessario piegare le ginocchia per raggiungere le caviglie, fatelo. Quindi, appoggiate le mani a terra e portatele in avanti in modo da creare una forma a V rovesciata con il corpo. Inspirate ed espirate lentamente prima di riportare le mani verso le caviglie e poi tornare in posizione eretta con le braccia alzate sopra la testa.

Durante questo esercizio, visualizzate Nut sotto forma di cielo che si estende sulla terra.

MA'AT

Ma'at è la dea dell'equilibrio che pesa l'anima di ogni individuo per determinare se è abbastanza degno di passare nell'aldilà.

Mettetevi in piedi con i piedi alla larghezza delle spalle e le braccia distese su entrambi i lati. Inginocchiatevi in modo che il ginocchio sinistro tocchi il suolo e il ginocchio destro sia rivolto verso l'alto, con il piede destro ben appoggiato a terra. Ruotate il corpo verso sinistra. Girare la testa verso destra e ruotare il corpo in modo che il braccio destro sia direttamente sopra il ginocchio destro. Da questa posizione, inspirate ed espirate lentamente, considerando le aree della vostra vita in cui dimostrate un senso di equilibrio.

Alzatevi e ripetete l'esercizio per l'altro lato del corpo. Questa volta, girate la testa a sinistra e inginocchiatevi con il ginocchio sinistro rivolto verso il cielo. Quando ruotate il corpo, fatelo in modo che il braccio sinistro sia sopra il ginocchio sinistro.

Mentre eseguite l'esercizio, pensate a come incarnare i principi di Ma'at nella vostra vita. Questi principi sono la verità, la rettitudine e la giustizia.

ASET ALATO: LA POSIZIONE DELLA VITTORIA

Aset è la figlia di Nut e moglie di Asar. Incarna la saggezza spirituale e intellettuale.

Mettetevi in piedi con i piedi uniti. Inspirate e stendete le braccia ai lati. Espirando, abbassarsi sul ginocchio sinistro. Tenere il piede destro appoggiato a terra in modo che il ginocchio destro sia piegato e rivolto verso il cielo. Dalla posizione inginocchiata, abbassare il corpo in modo da essere quasi seduti sul piede sinistro. Inspirare ed espirare in questa posizione. Poi alzatevi e ripetete l'esercizio con il ginocchio sinistro rivolto verso l'alto.

ASET SEDUTO - LA POSIZIONE DEL TRONO

Aset rappresenta il corpo fisico che sostiene l'essenza spirituale-Asar. Così facendo, Aset è il trono che fornisce all'essere spirituale un modo fisico per manifestarsi sulla terra.

Mettete le braccia davanti a voi con i palmi rivolti verso il basso. Piegate le ginocchia e abbassate il corpo come se steste per sedervi su un trono. Abbassate il corpo fino a dove vi è più comodo.

Visualizzate la dea Aset che vi sostiene in questa posizione. Inspirate ed espirate. Alzatevi e ripetete l'esercizio.

L'ABBRACCIO DI AUSET

Hept, l'abbraccio di Auset, è una posa che rappresenta la dea Auset mentre abbraccia Ausar ed Heru. Ciò avvenne dopo aver riportato in vita Auset e aver così potuto concepire Heru. Quando eseguite questa posizione, considerate di far risorgere tutti gli aspetti della vostra vita che potreste aver considerato morti. Questo include gli aspetti psicologici, fisici e spirituali della vostra vita. Tutte le speranze e i sogni possono essere riportati in vita con la somministrazione dell'amore di Auset.

Assumete una posizione eretta mentre muovete le braccia in avanti e indietro. Visualizzate voi stessi come Aset. Portate entrambe le braccia in avanti per incrociarle davanti al petto in un abbraccio d'amore. Rimanete in questa posizione inspirando ed espirando profondamente.

DJED

Il pilastro Djed simboleggia la colonna vertebrale e l'energia vitale che essa incarna. È associato al dio Ptah. Egli abbatté l'albero di Djed per goderne il dolce aroma nel suo palazzo. Solo in seguito scoprì che Asar era intrappolato nell'albero.

Incrociate le braccia sul petto e fate i pugni con le mani. Immaginate di essere racchiusi in un pilastro come lo era Asar. Da questa posizione eretta, immaginatevi come un tramite tra cielo e terra, uniti alla coscienza divina.

Il Djed rappresenta l'illuminazione spirituale, la fermezza e il Duat, o regno astrale.

POSIZIONE DELLA TESTA

Inginocchiarsi e piegarsi in avanti. Stringere le mani una sopra l'altra in modo che gli avambracci formino una forma a V con i gomiti. Appoggiate la testa a terra in modo che le mani sostengano la sommità del capo. Raddrizzate le gambe in modo che il corpo si muova verso l'alto. Raddrizzare la schiena e portare le gambe in alto, piegandole al ginocchio sopra il corpo mentre si trova l'equilibrio. Infine, estendete le gambe fino a raggiungere la posizione eretta con il corpo completamente sostenuto dalle mani.

Se avete difficoltà a fare la verticale senza supporto, eseguite l'esercizio di fronte a una parete. In questo modo potrete usare la parete come sostegno per stabilizzare il corpo.

Una variante di questo esercizio può essere eseguita con le mani appoggiate a terra, alla larghezza delle spalle e con le dita distese. Posizionate la testa a terra tra di esse, usando le mani come sostegno mentre vi sollevate da terra.

Per scendere dalla posizione della testa, piegate le ginocchia e fate oscillare le gambe in avanti mentre le estendete fino a quando i piedi toccano il suolo.

SCARABEO KHEPRI

Ra Khepri è il sole del mattino che emerge rinnovato ogni mattina dopo essere entrato nella Duat come Ra Tem alla fine del giorno precedente. Khepri è anche lo scarabeo. Lo scarabeo si rinnova ogni anno scavando nel fango quando il fiume Nilo esonda. Una volta che le acque si ritirano, emerge con un nuovo corpo. Pertanto, Khepri simboleggia la capacità di rinnovamento.

Per assumere la posizione di Khepri, inginocchiatevi seduti sulle cosce. Stendere le mani davanti a sé sul terreno con i palmi rivolti verso il basso. Piegarsi in avanti finché la fronte non tocca il suolo. Mantenete questa posizione riflettendo sul rinnovamento che lo scarabeo sperimenta ogni anno. Vedetelo applicato al vostro benessere fisico, mentale e spirituale.

Lo yoga kemetico utilizza il Sekhem (energia della forza vitale) sotto forma di respiro per aiutarvi a concentrare l'energia universale dentro di voi. La meditazione ispirata dalle varie posizioni aiuta a salire sull'albero della vita. Questo avviene quando si riflette sui parallelismi tra le divinità, la storia della creazione e la propria vita. Utilizzate queste posizioni quotidianamente per aiutarvi nel vostro viaggio spirituale. Anche se lo yoga kemetico è l'unica pratica che iniziate, scoprirete che questa pratica soddisfa diversi aspetti dei requisiti dello stile di vita kemetico.

APEP

POSTFAZIONE

Giunti alla fine del libro, vi auguro amore e luce nel vostro cammino spirituale. Siete stati dotati della conoscenza e dell'intuizione necessarie per sapere quali passi compiere in ogni fase della vostra progressione. Mentre continuate il vostro viaggio, prego che manteniate uno spirito di pace, equilibrio e armonia. Spero che questo libro vi accompagni costantemente in questo viaggio e che vi si rivolga spesso per avere una guida sui passi migliori da seguire quando affronterete i diversi aspetti della vostra vita. Ricordate di portare il senso di Ma'at in tutti gli aspetti della vostra vita. Se riuscite in questo intento, sappiate che la vostra vita finirà bene. Se avete difficoltà a trovare un senso di equilibrio, trovate piccole cose nella vita per cui essere grati. La gratitudine è la chiave dell'armonia, perché si riceve di più di ciò per cui si è grati. Se esprimete gioia per i piccoli eventi, scoprirete che nella vostra vita appariranno motivi di gratitudine più grandi. Utilizzate questo principio di corrispondenza per assicurarvi di vivere continuamente in Ma'at.

POSTFAZIONE

Mentre vivete lo scopo della vostra vita, ricordate che avrete bisogno di coraggio per molte cose. Incontrerete delle opposizioni e potreste persino dover combattere con coloro che vorrebbero danneggiare le vostre buone intenzioni. Quando incontrerete i Set all'interno di altre persone nel vostro viaggio, ricordate che potete invocare Asar, Heru e Aset per guidarvi e ispirarvi. Inoltre, potete invocare altri spiriti guida sotto forma di antenati o anche di personaggi famosi che avete ammirato in passato. Non siete mai veramente soli nelle vostre battaglie quotidiane. Ricordatelo e chiedete aiuto di conseguenza.

Ciò che vi aiuterà enormemente è mantenere una dieta pulita, in accordo con i requisiti di un vero iniziato. Una dieta pulita trasformerà il vostro corpo in un contenitore efficace per il vostro spirito. Questo lo rende un elemento essenziale del vostro cammino spirituale. Un corpo sano, che non spende risorse energetiche in eccesso nel tentativo di digerire cibi inaccessibili, dirotterà tali energie verso attività più spirituali. La costruzione della vostra vita mentale e spirituale ne trarrà beneficio.

Le preghiere, lo yoga e la meditazione vi aiuteranno ulteriormente. Vi forniranno la concentrazione necessaria per raggiungere i vostri obiettivi in linea con le leggi universali evidenziate nei principi ermetici. Mantenete un cuore puro e guardate sempre verso la bontà della luce.

Una delle ultime cose che vorrei condividere con voi è la consapevolezza di essere grato a voi. Vi sono grato per il bisogno che avete avuto di darmi l'opportunità di scrivere questo libro, perché scrivendolo sono stato anche ispirato a intraprendere un viaggio. Un viaggio che mi ha richiesto di saperne di più e di scavare più a fondo per poter condividere con voi informazioni significative e pratiche. Questo mi ha richiesto di rivisitare, esplo-

POSTFAZIONE

rare, sperimentare e provare i concetti citati nel libro. Di conseguenza, ho raggiunto una maggiore consapevolezza dei principi universali e della magia di Kemet, che per tutti questi anni si è nascosta in bella vista e in varie forme. Queste forme si sono espresse attraverso l'evoluzione della religione, le lezioni di saggezza e la natura stessa. Quando ci prendiamo il tempo di osservare la natura, ci rendiamo conto che essa è sempre in equilibrio e che i suoi bisogni sono soddisfatti senza sforzi costanti. C'è un ritmo nell'interazione tra i vari aspetti della natura. Più lo osserviamo, più ci rendiamo conto che ogni aspetto della natura ha uno scopo. Allineandovi con la natura, possiate anche voi vivere nel vostro scopo, trovando interazioni reciprocamente vantaggiose lungo il cammino. Andate ora e illuminate gli altri mentre andate avanti. Vi auguro buon viaggio.

NUT AND GEB

GLOSSARIO

Ab: Chakra del cuore, il centro energetico che governa il cuore.
Abramo: biblico. Con Abramo come figura paterna centrale.
Acacia: Un albero dalla cima piatta e dalla corteccia ruvida con proprietà medicinali. È originario dell'Africa e dell'Australia.
Altare: Luogo di incontro tra un individuo o più individui e il divino. Un luogo di culto.
Amen: Ra, il dio del sole.
Amen-Ra: Ra, il dio del sole.
Amun: Ra, il dio del sole.
Amun-Raa: Il dio del sole, Ra.
Ankh: Croce con un'ansa sopra la barra orizzontale anziché una continuazione dell'asta verticale. Conosciuta anche come croce egizia, rappresenta la vita.
Anpu: Anubis, il protettore delle tombe.
Antenati: Le generazioni precedenti del vostro albero genealogico.

GLOSSARIO

Anubi: Dio con la testa di sciacallo dei funerali e protettore delle tombe.

Apep: Apophis, il serpente che cerca di consumare Ra mentre attraversa gli inferi.

Apollo: Il nome che i Greci diedero a Heru-Ur o Horus.

Apophis: Un serpente malvagio contro cui Ra deve combattere ogni notte durante il suo viaggio nel mondo sotterraneo.

Arat Sekhem: Potere del serpente.

Asar: Ausar, conosciuto anche come Osiride.

Aset: Auset. Riportò in vita il marito dopo che era rimasto incastrato in un pilastro. In seguito raccolse il suo corpo smembrato per una degna sepoltura.

Astrologia: Studio della correlazione tra gli astri e gli eventi della vita di una persona. Ciò avviene soprattutto in relazione all'allineamento celeste al momento della nascita e il monitoraggio di questi allineamenti continua per tutta la vita.

Atef: Una corona composta da piume di struzzo arricciate aggiunte ai lati della corona bianca di Hedjet.

Atum: Ra-Atum, il sole che tramonta.

Atum-Ra : Ra-Atum, il sole che tramonta.

Aura: campo energetico di una persona. Circonda il corpo come uno strato di luce. Il colore del campo energetico riflette lo stato emotivo del momento.

Ausar: Il dio della vegetazione. Rappresenta l'anima eterna. Suo fratello Set lo tagliò in 14 pezzi per impadronirsi del regno. Sua moglie, Auset, riassemblò questi pezzi e creò un fallo d'oro per sostituire il pene mancante. Anche se era già in forma di spirito, il suo corpo ricomposto gli permise di entrare nell'aldilà. Da qui, tornò in forma di spirito per fare da padre a suo figlio Horus.

Auset: Dea della saggezza e dell'intuizione. La moglie di Asar che ricompose i suoi pezzi perduti. Asar andò da lei in forma di spirito e la ingravidò.

Ba: Chakra della corona, il centro energetico situato nella parte superiore della testa.

Babbuino: I babbuini sono le scimmie più grandi del mondo. Le loro caratteristiche principali sono il sedere senza peli, il muso lungo e senza peli e la testa pelosa. Sono originari dell'Africa e vivono in gruppi che possono variare da 10 a 300 esemplari.

Buddismo: Religione originaria dell'India settentrionale, il cui scopo è cercare l'illuminazione all'interno di se stessi. Crede che lo sviluppo spirituale sia il risultato di uno stile di vita etico.

Byblos: Città dell'attuale Libano.

Cabala: Insegnamenti del misticismo ebraico.

Causalità, principio di: Si riferisce alla legge di causa ed effetto. Essa afferma che ogni effetto ha la sua causa e ogni causa ha un effetto.

Chakra del cuore: è il quarto chakra. Si trova nel petto.

Chakra del plesso solare: il terzo chakra, situato sopra l'ombelico.

Chakra del terzo occhio: il sesto chakra, situato tra gli occhi e le sopracciglia.

Chakra della corona: il settimo chakra. Si trova sulla sommità del capo.

Chakra della gola: il quinto chakra. Si trova nella gola, nel naso e nella tiroide.

Chakra della radice: il primo chakra situato alla base della colonna vertebrale.

Chakra sacrale: il secondo chakra. Si trova sotto l'ombelico.

Chakra: i centri energetici del corpo. Situati lungo la colonna

GLOSSARIO

vertebrale, sono descritti come una ruota di luce che gira. Ogni centro energetico è contraddistinto da un colore diverso.

Corrispondenza, principio di: Come sopra, così sotto. Come dentro, così fuori. L'idea che le esperienze individuali riflettano le esperienze universali. Questo concetto è alla base dell'uso dell'astrologia per comprendere il percorso e lo scopo della vita di un individuo.

Cristianesimo: Religione abramitica con Gesù Cristo come figura centrale.

Decani: Dodici divisioni uguali dell'anno nel calendario kemetico.

Dendera: Città situata a ovest del Nilo in cui è stato trovato lo zodiaco Dedera.

Djed: Il djed è un pilastro ricavato dall'albero che è cresciuto dalla bara di Ausar quando è stata portata a riva. Ausar si trovava nella bara dopo che suo fratello Set lo aveva ingannato facendolo entrare nella bara prima di gettarla in un fiume. Il djed rappresenta la spina dorsale di Ausar.

Djehuti: dio della luna, della saggezza, dell'intelletto, della magia e della parola scritta. Ha scritto le Tavole di Smeraldo di Thoth.

Djehuti: Thoth, il dio della scrittura e dell'intelligenza.

Duamutef: Il dio che custodisce lo stomaco dopo la morte.

Duat: Il mondo sotterraneo. Il luogo in cui Ra si reca tra il tramonto e l'alba.

Ermete Trismegisto: Ermete tre volte ingrandito. Un altro nome per Thoth.

Ermetico: Da Ermete Trismegisto.

Falco: Uccello rapace veloce e dalla vista acuta, capace di cacciare altri uccelli tuffandosi dall'alto.

GLOSSARIO

Faraone: Nome usato per indicare il sovrano dell'antico Egitto. L'equivalente di un re.

Fisica quantistica: Lo studio dei più piccoli componenti della materia fisica.

Flexitariana: Dieta prevalentemente vegetariana, con carne consumata con moderazione.

Geb: Il dio della terra. Fratello gemello di Nut, dea del cielo.

Gli Assiri: Antica civiltà proveniente dalla regione dell'odierno Iraq, Turchia, Kuwait e Siria.

Hapi: Il dio che custodisce i polmoni dopo la morte.

Hathor: La dea del cielo. È responsabile delle feste e dei festival. Incoraggia la gratitudine e il divertimento come mezzo di vita.

Hedjet: La corona bianca a forma di cono dell'alto Egitto.

Heka: Il dio della magia.

Henu: Postura di lode e adorazione.

Heru: Heru è stato concepito attraverso un'unione divina tra Auset e lo spirito di Ausar. Governa il cuore.

Heru-Ur: Horus il più anziano. Lo stato adulto di Heru, quando riuscì a combattere con lo zio Set e perse l'occhio sinistro. L'occhio sinistro, una volta restaurato da Thoth, divenne il wedjat, l'occhio di Horus. L'occhio di Horus è noto anche come occhio onniveggente.

Het-Heru: Hathor, la bellissima dea delle feste.

Horemakhet: La Sfinge, un uomo dal corpo di leone. Rappresenta Horus all'orizzonte. È un simbolo del sole del mattino.

Horus: Heru, figlio di Ausar e Auset, concepito mentre Ausarr era in forma di spirito.

I Maya: Un'antica civiltà che esisteva nell'area oggi coperta dal Messico meridionale, dal Guatemala e dal Belize settentrionale.

GLOSSARIO

I nativi americani: Gli abitanti del Nord America prima del XV secolo.

Ibis: uccello dalle zampe lunghe e dal becco lungo che predilige il clima caldo e le paludi.

Il sole nascente è anche Khepri o Ra Khepri, che, sceso negli inferi ogni notte, ne esce rinnovato come sole del mattino.

Imsety: Il dio che custodisce il fegato dopo la morte.

Induismo: Religione indiana che segue le scritture note come Veda.

Iniziati: Coloro che intraprendono il cammino spirituale ed eventualmente si avviano al sacerdozio.

Iside: Auset, moglie di Ausar, che lo riportò in vita dopo che fu intrappolato in una bara e questa fu gettata in un fiume.

Islam: Religione abramitica basata sugli insegnamenti del profeta Maometto contenuti nel Corano.

Iusaaset: La nonna degli dei e delle dee.

Iusas: Iusaaset, la nonna degli esseri divini.

Kemet: La terra nera, l'antico Egitto.

Kemetico: Da Kemet.

Khab: Chakra della radice, il centro energetico che si trova alla base della colonna vertebrale.

Khaibit: Chakra sacrale. Si trova sotto l'ombelico.

Khepri: lo scarabeo. Si interra nel fango del fiume Nilo ogni anno prima delle piene annuali e ne esce rinnovato una volta che le acque si sono ritirate.

Khu: Chakra del terzo occhio che si trova tra le sopracciglia e gli occhi.

Le Tavole di smeraldo di Thoth: Mitiche tavolette verdi indistruttibili, scritte da Thoth l'atlantideo, contenenti conoscenze provenienti dal mondo sommerso di Atlantide.

GLOSSARIO

Loto: Un bellissimo fiore che cresce sull'acqua ferma. Si riferisce anche a una posizione yoga a gambe incrociate.

Ma'at: Dea dell'equilibrio e dell'armonia che mantiene l'ordine nel mondo. Inoltre, pesa le anime dei morti con una piuma per determinare la loro idoneità a entrare nell'aldilà.

Meditazione: Calmare la mente e le emozioni attraverso la concentrazione su un punto esterno o su aspetti interni di sé come il respiro.

Mentalismo, principio di: Questo principio afferma che l'universo è mentale grazie alla coscienza suprema che controlla tutto, dal movimento dei pianeti al comportamento degli atomi.

Metu Neter: Le scritture degli dei, i geroglifici.

Mut: Parte dell'Occhio di Ra, Mut era la moglie di Amon-Ra e una dea madre. A volte era raffigurata come un avvoltoio.

Nbth Hotep: Nebethetepet, una dea che ha co-creato il mondo con Ra.

Nebethetepet: Il divino femminile co-creatore insieme a Ra.

Nebthet: Nefti, sorella di Auset, che si travestì da sorella e fu ingravidata da Ausar.

Nefertem: Horus come figlio divino della creazione. Horus è stato generato dallo spirito e si ritiene che sia esistito durante il processo di creazione e vi abbia partecipato.

Nehmetawy: Nebethetepet. Aiutò Ra a creare il mondo.

Nephthys: Sorella di Auset e dea dell'aria.

Neter: La forza divina della natura rappresentata dagli dei e dalle dee che governano gli elementi.

Nilo: Il Nilo è il fiume più grande dell'Egitto. A Kemet, l'agricoltura si concentrava intorno a questo fiume, dipendendo dalle sue inondazioni annuali per piantare i semi in un terreno fertile per un raccolto abbondante.

GLOSSARIO

Ntr: Neter. Gli dei e le dee della natura.

Nun: Le acque primordiali che ricoprivano la terra prima della creazione della terra e di tutti gli esseri viventi.

Nut: la dea del cielo notturno e sorella gemella di Geb, il dio della terra. È raffigurata distesa sulla terra con le stelle dipinte sul corpo.

Obelisco: Un pilastro monolitico con una piramide in cima. Rappresenta la creazione e l'albero della vita. Gli obelischi incanalano l'energia dell'atmosfera attraverso la loro punta piramidale e la disperdono dalla loro base. A Kemet, gli obelischi erano spesso realizzati in granito rosso e collocati ai lati dei templi. L'altezza degli obelischi varia da 3 a 100 metri.

Occhio di Ra: la squadra di dee inviate per attuare la legge di Ra sulla terra. La squadra è composta da Mut, Het-Heru, Bastet, Tefnut e Nekhbet.

Osiride: Ausar, il dio verde della vegetazione e marito di Auset, nota anche come Iside.

Paleolitico: Dall'età della pietra.

Pescetariana: Una dieta in cui si consuma pesce ma non carne rossa e pollame.

Pet: Il piano astrale che ospita l'immaginazione, i sogni, le idee, i pensieri e le emozioni.

Pietra di Benben: Parte piramidale dell'obelisco, rappresenta la pietra che per prima emerse dalle acque di Nun durante il processo di creazione.

Piramide: Questa struttura ha una base quadrata. Ogni lato è di forma triangolare e si riunisce in un unico punto centrale sulla sommità. Le piramidi sono forme potenti che attraggono e concentrano l'energia cosmica.

Polarità, principio di: Ogni cosa ha il suo opposto. Gli opposti sono identici in natura ma diversi negli estremi di misura.
Principi ermetici: Leggi universali scritte da Ermete.
Principio di genere: Ogni cosa ha i suoi aspetti maschili e femminili.
Ptah: Il fabbro divino e il creatore di Ra.
Qebehsenuef: Il dio che custodisce gli intestini dopo la morte.
Ra: il dio del sole, creatore della Terra e dei suoi abitanti. Attraversa il cielo ogni giorno dall'alba al tramonto.
Ra-Atum: il sole che tramonta.
Ra-Khepri: il sole che sorge.
Re: Ra, il dio del sole.
Reiki: Tecnica di guarigione energetica giapponese che utilizza le mani per impartire energia curativa ai pazienti.
Religione celtica: Religione originaria del Galles che venera le divinità della natura in luoghi come fiumi e laghi.
Ritmo, principio di: Tutto sale e scende; il pendolo oscilla in entrambi i sensi e in equilibrio.
Sahu: Chakra del plesso solare, situato sopra l'ombelico.
Saosis: Iusaaset, nonna degli dei e delle dee che assistette Ra nella creazione del mondo.
Satet: Set, zio di Horus e fratello di Ausar.
Satis: La dea delle inondazioni annuali del fiume Nilo.
Scettro: Bastone ornamentale con una palla in cima.
Sebek: dio del coccodrillo.
Sekhem: Energia della forza vitale utilizzata per la guarigione energetica con l'uso di aste cristallizzate per dirigere il suo potere nelle aree afflitte.
Sekhmet: Dea guerriera dalla testa di leone, responsabile di aver portato la pestilenza all'umanità come punizione per la vita

empia. È anche una dea guaritrice che veniva venerata dai sacerdoti e dalle sacerdotesse dei templi di guarigione.

Selket: La dea scorpione.

Set: Dio del caos e della confusione, fratello di Asar. Uccise il fratello per il trono.

Seth: Set, fratello di Osiride o Ausar, che cercò di uccidere per ottenere il trono.

Shekem: Chakra della gola, situato nella gola e indicato con il colore blu.

Shti: La posa della mummia, a imitazione della posa di sepoltura della mummia. Quando i faraoni venivano seppelliti, i loro corpi venivano preservati attraverso l'uso di spezie, liquidi e aromi. In seguito venivano avvolti in un panno. Il cadavere ricoperto di stoffa viene chiamato mummia.

Shu: il dio dell'aria.

Sistro: Strumento musicale che si suona come il tamburello (scuotendolo per far tintinnare i dischi attaccati). Ha la forma di una U rovesciata, con le barre per i tintinnii poste orizzontalmente tra i due lati.

Smai Tawi: Yoga kemetico, basato sui geroglifici.

Spiriti guida: Spiriti dei morti o di dèi e dee che lavorano per fornire indicazioni ai vivi.

Ta: Il piano materiale dell'esistenza.

Ta-Bitjet: Dea protettrice raffigurata come uno scorpione con la testa di donna.

Tapping: Un metodo per alleviare lo stress che utilizza la digitopressione in punti specifici dei meridiani del corpo, combinata con un rinforzo verbale positivo.

Tefenet: Tefnut, dea dell'umidità e delle precipitazioni.

Tefnut: La dea dell'umidità (atmosferica).

Tem Ra: Ra-Atum, il sole che tramonta.

Teologia: Lo studio della religione.

Teurgia: Azioni coerenti compiute allo scopo di raggiungere la divinità assumendo i tratti della personalità degli esseri divini.

Thoth: Djehuti.

Ureo: Il cobra egiziano. Simbolo dell'autorità divina, spesso raffigurato sulle corone dei faraoni.

Vasi canopi: Quattro vasi che contenevano lo stomaco, l'intestino, il fegato e i polmoni e che venivano sepolti accanto alla mummia nella tomba. I coperchi di questi vasi recavano le riproduzioni delle divinità Hapi, Imsety, Duamutef e Qebehsenuef, in accordo con gli organi corporei di cui ciascuna di queste divinità era responsabile. Queste divinità erano chiamate collettivamente i figli di Heru.

Vegano: Dieta a base vegetale che esclude prodotti animali come burro, uova e latte.

Vegetariano: Una dieta a base vegetale.

Vibrazione, principio di: Tutto vibra. Nulla è a riposo.

Yoga: metodo di allungamento del corpo per allineare i chakra e tonificare vari muscoli. Combinato con la meditazione, permette di allinearsi con il divino.

RIFERIMENTI

AboutBalance (n.d.). Sekhem Energy Healing at About Balance. About Balance. https://www.aboutbalancebrighton.com/sekhem/

Afrikaiswoke (2021). Ancient Kemet's Dendera Zodiac - The world's first zodiac. Afrikaiswoke. https://www.afrikaiswoke.com/ancient-kemets-dendera-zodiac-the-worlds-first-zodiac/

Afrikan History (2022). The Tree Of Life In Ancient Egypt's Metu Neter Explained. AfrikaIsWoke. https://www.afrikaiswoke.com/the-tree-of-life-in-ancient-egypts-metu-neter-explained/

Ahmed, T. (2022). God Serket | Facts Ancient Egyptian Gods and Goddesses | God of fertility, nature, animals, medicine, magic. Hurghada Lovers. https://hurghadalovers.com/god-serket-ancient-egyptian-gods/

Anahana (2022). Chakra Colors. Anahana. https://www.anahana.com/en/yoga/chakra-colors

Ancient Egypt Wiki (n.d.). Osiris. Ancient Egypt Wiki. https://ancientegypt.fandom.com/wiki/Osiris

Ancient Egyptian Astrology: Find Your Zodiac Sign (2020). Ancient Egyptian Astrology: Find Your Zodiac Sign. Medium. https://medium.com/la-biblioth%C3%A8que/ancient-egyptian-astrology-find-your-zodiac-sign-c29c705d96ac

AncientEgypt. (n.d.). The 42 Laws And Ideals Of Ma'at. Egypt Connection. https://www.egyptconnection.com/42-laws-of-maat/

Appling, A. (n.d.). Ancient Egyptian Religion. Pinterest. https://pinterest.com/pin/socalled-martial-arts-never-originated-from-china-or-india-like-others-have-claimed-it-originated-in-africa-and-the-pro--442056519644347127/

Ashby, M. (2002). Kemetic Diet - Ancient African Wisdom For Health of Mind, Body and Spirit. Sema Institute.

Ashby, M. (2008). The Kemetic Tree of Life Ancient Egyptian Metaphysics and Cosmology for Higher Consciousness. Cruzian Mystic Books.

Ashby. A., Ashby, M. (1997). Egyptian Yoga Movements of the Gods and Goddesses. Cruzian Mystic Books.

Atkinson, W.W. (1908). The Kybalion: A Study of the Hermetic Philosophy of Ancient Egypt and Greece. Yogi Publication Society.

Basubu. (n.d.). 3-Day Egyptian Healing and Meditation Retreat in the Welsh

RIFERIMENTI

Countryside. Basubu. https://basubu.com/3-day-egyptian-healing-and-meditation-retreat-in-the-welsh-countryside

Below The Stars. (n.d.). *Egyptian Astrology: Egyptian Astrology Signs and Their Meanings.* Below The Stars. https://belowthestars.com/egyptian-astrology/

Benninghoven, D. (2022). *4 Potential Ways to Increase the pH Level in Your Body.* Livestrong. https://www.livestrong.com/article/225555-safest-way-to-raise-body-ph/

Bernard D., Beitman M.D. (2017). *I Ching: Intentional Meaningful Coincidences.* Psychology Today. https://www.psychologytoday.com/za/blog/connecting-coincidence/201706/i-ching-intentional-meaningful-coincidences?amp

Blanchard, T. (2021). *11 Things That The Tree of Life Represents.* Outofstress. https://www.outofstress.com/what-tree-of-life-represents/

Bondy, D. (2020). *The Black History of Yoga: A Short Exploration of Kemetic Yoga.* Yoga International. https://yogainternational.com/article/view/the-black-history-of-yoga

Bradley, L. (2019). *What Is Epigenetics: Your Mind's Influence Over Your Health.* SunWarrior. https://sunwarrior.com/blogs/health-hub/epigenetics

Braga, B. (2021). *The African Roots Of Kemetic Yoga And How It's Being Adopted By The Diaspora.* Travel Noire. https://travelnoire.com/african-root-kemetic-yoga

Braverman, J. (2022). *5 Ways to Remove Acidity From Your Body Naturally.* Livestrong. https://www.livestrong.com/article/34910-rid-much-acid-body-naturally/

Brier, B. (2019). *Ancient Egyptian Creation Myths: Of Water and Gods.* Wondrium Daily. https://www.wondriumdaily.com/ancient-egyptian-creation-myths-of-water-and-gods/

Brier, B. (2020). *The Three Gods of Medicine in Ancient Egypt.* Wondrium Daily. https://www.wondriumdaily.com/the-three-gods-of-medicine-in-ancient-egypt/

Burgess, L. (2019). *What is a paleo diet?* Medical News Today. https://www.medicalnewstoday.com/articles/324405#what-is-a-paleo-diet

Canadian Museum Of History. (n.d.). *Shu and Tefnut.* Canadian Museum Of History. https://www.historymuseum.ca/cmc/exhibitions/civil/egypt/egcrgs4e.html

Chopra, D. (2004). *Synchrodestiny: Harnessing the Infinite Power of Coincidence to Create Miraacles.* Rider & Co.

RIFERIMENTI

Cleopatra Egypt Tours. (2021). *Hathor, the Egyptian goddess.* Cleopatra Egypt Tours. https://www.cleopatraegypttours.com/travel-guide/hathor-the-egyptian-goddess/

Cleveland Clinic. (2021). *How Box Breathing Can Help You Destress - This deep-breathing technique is simple but powerful.* Cleveland Clinic. https://health.clevelandclinic.org/box-breathing-benefits/

Colors Explained. (n.d.). *Chakra Colors: Guide to 7 Chakras & Their Meanings.* Colors Explained. https://www.colorsexplained.com/chakra-colors-and-meanings/

Deif, A. (2008). *The Sirius lore.* Research Gate. https://www.researchgate.net/publication/267447624_The_Sirius_lore

Deprez, G. (2021). *Goddess Isis: Fascinating Facts About The Mother Of All Gods.* The Collector. https://www.thecollector.com/ancient-egyptian-goddess-isis/

Discovery World History. (n.d.). *Egyptian Healing Rods.* Discovery World History. https://discoverywo.blogspot.com/2013/07/egyptian-healing-rods.html?m=1

Dispenza, J. (2021). *Plasma, Matter, and the Projection of Reality: Part II.* Unlimited. https://drjoedispenza.com/blogs/dr-joes-blog/plasma-matter-and-the-projection-of-reality-part-ii

Education for Life Academy. (2009). *World History Timeline.* Education For Life Academy. https://educationforlifeacademy.com/world-history-timeline

Egyptian Healing Rods. (n.d.). *Science Of Pyramids.* Egyptian Healing Rods. https://www.egyptianhealingrods.com/pyramid-research/

Egyptian Healing Rods. (n.d.). *Welcome to - Egyptian Healing Rods.* Egyptian Healing Rods. https://www.egyptianhealingrods.com/

Egyptian Healing Rods. (n.d.). *Russian Research.* Egyptian Healing Rods. https://egyptianhealingrods.me/index_files/EgyptianHealingRodsRussianResearch.htm

Energy Action. (n.d.). *Egyptian Healing Rods – Amplify Your Longevity, Vitality and Intuition.* Energy Action. https://energy4action.com/rods-and-pyramids/

Estrada, J. (2021). *Each of the 7 Chakras Is Associated With a Color—Here's What Each One Means.* Well and Good. https://www.wellandgood.com/chakra-colors-and-meanings/

Fiercely Bright One. (n.d.). *Aset FAQ: Frequently Asked Questions about Aset.* Fiercely Bright One. https://fiercelybrightone.com/rites/faq-of-aset/

Forti, K. J. (2017). *Atlantean Physics Behind Ancient Egyptian Magical Rods.*

RIFERIMENTI

Trifinity 8. https://trinfinity8.com/magic-physics-behind-ancient-egyptian-rods-of-ptah/

Gugliotta, G. (2008). *The Great Human Migration - Why humans left their African homeland 80,000 years ago to colonize the world.* Smithsonian Magazine. https://www.smithsonianmag.com/history/the-great-human-migration-13561/

Gunnars, K. (2021). *10 Evidence-Based Health Benefits of Intermittent Fasting.* Health Line. https://www.healthline.com/nutrition/10-health-benefits-of-intermittent-fasting

Hansen, N.B. (2022). *Food in Ancient Egypt: What Did the Egyptians Eat?* The Collector. https://www.thecollector.com/food-ancient-egypt/

Hellenic Faith. (n.d.) *Theourgia.* Hellenic Faith. https://hellenicfaith.com/ritual/

Hill, J. (2016). *Shu.* Ancient Egypt Online. https://ancientegyptonline.co.uk/shu/

Hill, J. (2009). *Kyphi.* Ancient Egypt Online https://ancientegyptonline.co.uk/kyphi/

Holland, K. (2022). *What Is an Aura? And 15 Other Questions, Answered.* Health Line. https://www.healthline.com/health/what-is-an-aura#takeaway

Holmes, K. (2006). *Sekhem - A Form of Ancient Egyptian Healing.* Positive Health Online. https://www.positivehealth.com/article/reiki/sekhem-a-form-of-ancient-egyptian-healing

IkariusSpirits Healing. (2022). *Egyptian Tuning Calibration Healing Rods of Maat - Copper & Zinc - Netu Rods for spiritual calibration and orientation.* LinkedIn. https://www.linkedin.com/pulse/egyptian-tuning-calibration-healing-rods-maat-

isidora. (2013). *Isis & the Magic of Myrrh.* Isiopolis. https://isiopolis.com/2013/07/20/isis-the-magic-of-myrrh/

Isidora. (2022). *Of Scorpions, Horus & Isis.* Isiopolis. https://isiopolis.com/2022/01/16/of-scorpions-horus-isis/

Jarus, O. (2022). *Ancient Egypt: History, dynasties, religion and writing.* Live Science. https://www.livescience.com/55578-egyptian-civilization.html

Jayne Leonard, J. (2020). *Seven Ways to do Intermittent Fasting.* Medical News Today. https://www.medicalnewstoday.com/articles/322293#seven-ways-to-do-intermittent-fasting

Journey To Egypt. (n.d.). *Eye of Horus, Eye of Ra.* Journey To Egypt. https://www.journeytoegypt.com/en/blog/eye-of-horus

Kalkhurst, J. (2018) *My Story With Sekhem-Khrem.* Reiki With Jaclyn.

RIFERIMENTI

https://www.reikiwithjaclyn.com/post/2018/02/22/my-story-with-sekhem-khrem

Kehoe, J. (2011). *Quantum Warrior: The Future of the Mind*. Zoetic.

Kroll, J. (2017). *What Types of Zodiacs Are There Other Than Chinese?* Sciencing. https://sciencing.com/types-zodiacs-there-other-chinese-8457677.html

Landious Travel. (n.d.). *Goddess Tefnut*. Landious Travel. https://landioustravel.com/egypt/egyptian-deities/goddess-tefnut

Landious Travel. (n.d). *Nehmetawy goddess*. Landious Travel. https://landioustravel.com/egypt/egyptian-deities/nehmetawy-goddess/

LandofKam. (2012). *How to Honor Your Ancestors the Kamitic/Kemetic Shaman Way*. LandofKam. https://landofkam.wordpress.com/2012/04/28/how-to-honor-your-ancestors-the-kamitic-shaman-way/

Leonard, J. (2019). *A guide to EFT tapping*. Medical News Today. https://www.medicalnewstoday.com/articles/326434

Lizzy. (2019). *Chakra Colors*. Chakras.info. https://www.chakras.info/chakra-colors/

Mark, J. J. (2017). *Heka*. World History Encyclopedia. https://www.worldhistory.org/Heka/

Mark, J. J. (2016). *Osiris*. World History Encyclopedia. https://www.worldhistory.org/osiris/

Mark, J. J. (2020). *The Five Gifts of Hathor: Gratitude in Ancient Egypt*. World History Encyclopedia. https://www.worldhistory.org/article/58/the-five-gifts-of-hathor-gratitude-in-ancient-egyp/

Mark, J. J. (2016). *Thoth*. World History Encyclopedia. https://www.worldhistory.org/Thoth/

Maté, G., Maté, D. (2022). *The Myth of Normal: Trauma, Illness, and Healing in a Toxic Culture*. Ebury Publishing.

McCammon, E. (2016). *Who Is Bastet? Complete Guide to the Egyptian Cat Goddess*. PrepScholar. https://blog.prepscholar.com/bastet-egyptian-cat-goddess

McCartney, P. (2021). *India's battle against Egypt's Kemetic Yoga*. Medium. https://psdmccartney.medium.com/indias-battle-against-egypt-s-kemetic-yoga-6eca5b114d65

McRae, L. (2019). *Vegan, Vegetarian, Pescatarian, Flexitarian and Macrobiotic Diets – What's the Difference?* North Shore University Health Systems. https://www.northshore.org/healthy-you/vegan-flexitarian-vegetarian-pescatarian-and-macrobiotic-diets--whats-the-difference/

Muhammad, B., Akinyele, P. (2021). *Kemetic (Egyptian) Spirituality: The*

RIFERIMENTI

Oldest Faith Tradition. Patch. https://patch.com/new-jersey/newarknj/kemetic-egyptian-spirituality-oldest-faith-tradition

New World Encyclopedia. (n.d.). Ishtar. New World Encyclopedia. https://www.newworldencyclopedia.org/entry/ishtar

Newman, T. (2021). Everything you need to know about Reiki. Medical News Today. https://www.medicalnewstoday.com/articles/308772#summary

Nnaco. (2016). Thoth and The Emerald Tablet. Kanaga. http://www.kanaga.tv/mysticism/toth-and-emerald-tablet.html

Nunez, K. (2020). The Benefits of Breath of Fire and How to Do It. Healthline. https://www.healthline.com/health/breath-of-fire-yoga#safety-tips

Odwirafo. (2017). Hedju ne Antiu Wordpress. https://www.odwirafo.com/Hedju_Antiu.pdf

Oxford Reference. (n.d). Osiris, Killed by Set, Is Resurrected by Isis. Oxford Reference. https://www.oxfordreference.com

Oxford University Press. (2018). Nut. Oxford University Press. https://www.encyclopedia.com/philosophy-and-religion/ancient-religions/ancient-religion/nut-egyptian-goddess

Petre, A. (2018). How to Follow a Raw Vegan Diet: Benefits and Risks. Health Line. https://www.healthline.com/nutrition/raw-vegan-diet#the-diet

Radford, W. (n.d.). Avesa Energy Balancing - Egyptian healing rods and pyramid energy. Radford Holistic Therapies. https://www.radford-holistictherapies.co.uk/avesa_balancing.htm

Realitypathing. (2023). 8 Unique Incense for Ma'at Realitypathing. https://realitypathing.com/8-unique-incense-for-maat/

Regan, S. (2022). Why You Need A Spiritual Bath In Your Life (+ Exactly How To Draw One). MBG Mindfulness. https://www.mindbodygreen.com/articles/spiritual-bath

Religion Wiki. (n.d.). Iusaaset. Religion Wiki. https://religion.fandom.com/wiki/Iusaaset

Rosicrucian Egyptian Museum. (n.d.). Deities in Ancient Egypt - Nephthys. Rosicrucian Egyptian Museum. https://egyptianmuseum.org/deities-nephthys

Rosicrucian Egyptian Museum. (n.d.). Deities in Ancient Egypt - Seth. https://egyptianmuseum.org/deities-seth

San-Aset. (2022). Iusaaset, Goddess of the Tree of Life. IsemSanctuary. https://iseumsanctuary.com/2022/02/14/goddess-of-the-tree-of-life/

Scaccetti, J. (n.d.). The connection between chakra blockages and emotional and physical conditions. Agent Nateur. https://www.agentnateur.com/blogs/agent-tips/p-strong-the-connection-between-chakra-blockages-and-emotional-and-

RIFERIMENTI

physical-conditions-strong-p-p-p?utm_source=google&utm_medium=paid&utm_campaign=17683018728&utm_content=&utm_term=&gadid=&gclid=EA-IaIQobChMIsp2z57ba-wIVjLHtChorqQTXEAAYAiAAEgKWavD_BwE

Scher, A. B. (n.d.). *7 Ridiculously Simple Tapping Techniques To Unblock Your Chakras*. Soul & Spirit. https://www.soulandspiritmagazine.com/13951-2/

Shane Clayton. (2022). *The Sacred Temple Incense of Ancient Egypt*. Wandering Stars https://www.wandering-stars.net/kepu-temple-incense

Shane Clayton. (2022). *The Seven Sacred Oils*. Pomegranate Flounder https://pomegranate-flounder-c98k.squarespace.com/the-seven-sacred-oils

Shetty, J. (2020). *20 Days of Live Meditation with Jay Shetty: Day 1*. YouTube. https://youtu.be/gxURcDSeRns

Shridhar, G., Rajendra, N., Murigendra, H. (2015). *Modern Diet and its Impact on Human Health*. Journal of Nutrition & Food Sciences. https://www.longdom.org/open-access/modern-diet-and-its-impact-on-human-health-35026.html

Solarnayoga. (n.d.). *The Rods Of The Egyptians*. Solarnayoga. https://solarnayoga.info/pdf/Egyptians_Rods_or_Wands_of_Horus.pdf

Sound And Light. (n.d.). *10 Interesting Facts about Hathor; goddess of motherhood*. Sound And Light. https://soundandlight.show/en/blog/10-interesting-facts-about-hathor

Stanford Medicine. (n.d.). *Anatomy and Function of the Liver*. Stanford Medicine. https://www.stanfordchildrens.org/en/topic/default?id=anatomy-and-function-of-the-liver-90-P03069

Stanton, KM. (2022). *Tree of Life Meaning, Symbolism, and Mythology*. UniGuide. https://www.uniguide.com/tree-of-life

Stuetz, T.T. (2010). *Healing Secrets of the Pharaohs-Egyptian Healing Rods*. Ezine Articles. https://ezinearticles.com/?Healing-Secrets-of-the-Pharaohs-Egyptian-Healing-Rods&id=4914300

svarthaxan. (2021). *Anubis as my spirit guide*. Reddit. https://www.reddit.com/r/Kemetic/comments/l1x0lf/anubis_as_my_spirit_guide/

Swan Bazaar. (2021). *The Four Sons of Horus*. Swan Bazaar. https://www.swanbazaar.com/Blog/post/the-four-sons-of-horus

Swan Bazaar. (2021). *The Four Sons of Horus*. Swan Bazaar. https://www.swanbazaar.com/Blog/post/the-four-sons-of-horus

templeofathena. (2011). *Offerings for Anubis* Wordpress. https://templeofathena.wordpress.com/2011/02/17/offerings-for-anubis/

Tewari, A. (2022). *700 Affirmations to Balance All 7 Chakras*. Gratefulness Blog. Https://blog.gratefulness.me/chakra-affirmations/amp/

RIFERIMENTI

The Earth Center. (n.d.). *The Kemetic Meso-American Connection.* The Earth Center. https://www.theearthcenter.org/post/in-search-of-the-gods-the-kemetic-meso-american-connection

The Editors of Encyclopaedia Britannica(n.d.). *11 Egyptian Gods and Goddesses.* Encyclopaedia Britannica. https://www.britannica.com/list/11-egyptian-gods-and-goddesses

The Editors of Encyclopaedia Britannica. (n.d.). *Horus - Egyptian god.* Encyclopaedia Britannica. https://www.britannica.com/topic/Horus

The Gut-Brain Connection: How it Works and The Role of Nutrition. (2020). *The Gut-Brain Connection: How it Works and The Role of Nutrition.* Health Line. https://www.healthline.com/nutrition/gut-brain-connection#TOC_TITLE_HDR_5

Toliver, A. (n.d.). *Greatest Story Ever Stolen - An exploration of the stolen legacy of Kush, Kemet, and all world religions.* Sutori. https://www.sutori.com/en/story/greatest-story-ever-stolen--UamyoBPaDaVejpn775pZxCrH

Urban Wellness Hub. (n.d.). *Egyptian Sekhem.* Urban Wellness Hub. https://www.urbanwellnesshub.co.uk/egyptian-sekhem

Vampire Rave. (2021). *Egyptian Chakras & Energetics.* Vampire Rave. https://www.vampirerave.com/houses/house_page.php?house=python&page=18012

Vigne, L. (2019). *The 42 ideals of Ma'at.* Kemet Experience. https://www.kemetexperience.com/the-42-ideals-of-maat/

Young, S.P. (2019). *Nine Parts of the Human Soul According to the Ancient Egyptians.* Ancient Origins. https://www.ancient-origins.net/human-origins-religions/ancient-egyptian-soul-0012390

IL VOSTRO FEEDBACK È PREZIOSO

Vorremmo essere così sinceri da chiedervi un atto di gentilezza. Se avete letto e apprezzato il nostro libro o i nostri libri, potreste prendere in considerazione l'idea di lasciare una recensione onesta su Amazon o Audible? In quanto gruppo editoriale indipendente, il vostro feedback significa moltissimo per noi. Leggiamo ogni singola recensione che riceviamo e ci piacerebbe sentire i vostri pensieri, perché ogni feedback ci aiuta a servirvi meglio. Il vostro feedback può avere un impatto anche su altre persone in tutto il mondo, aiutandole a scoprire conoscenze importanti da implementare nella loro vita per dare loro speranza e forza. Vi auguriamo potere, coraggio e saggezza nel vostro viaggio.

Se avete letto o ascoltato uno dei nostri libri e volete essere così gentili da recensirli, potete farlo cliccando sulla scheda "Per saperne di più" sotto l'immagine del libro sul nostro sito web:

IL VOSTRO FEEDBACK È PREZIOSO

https://ascendingvibrations.net/books